云南大学出版社

跬步集

出版管理与管理出版的实践探索

姚明基◆著

图书在版编目（C I P）数据

跬步集/姚明基著. — 昆明：云南大学出版社，2011

ISBN 978 - 7 - 5482 - 0733 - 7

Ⅰ. ①跬… Ⅱ. ①姚… Ⅲ. ①出版工作—中国—文集 Ⅳ. ①G239. 2 - 53

中国版本图书馆 CIP 数据核字（2011）第 243798 号

跬步集

出版管理与管理出版的实践探索

姚明基◆著

策划编辑：于 学

责任编辑：于 学 柴 伟

装帧设计：猎鹰创想 | 书籍设计

出版发行：云南大学出版社

印 装：广州中大印刷有限公司

开 本：635mm ×960mm 1/16

印 张：11

字 数：180 千

版 次：2012 年 2 月第 1 版

印 次：2012 年 2 月第 1 次印刷

书 号：ISBN 978 -7 -5482 -0733 -7

定 价：28. 00 元

地 址：云南省昆明市一二一大街 182 号云南大学英华园（邮编：650091）

发行电话：（0871） 5033244 5031071

E - mail：market@ ynup. com

如发现本书因印装质量影响阅读，请与出版社发行部联系调换

目◆录

非序之序（代序一）杨权／001

智者不惑（代序二）紫陌／004

晚成者未必不成（自序）／007

遵循价值规律，灵活制定图书价格／001

缩短出版周期初探／007

充分发挥技术编辑在出版中的重要作用／013

转型中不容忽视的环节／016

降低图书印制成本的几种方法／021

浅论出版社印制人员应具备的素质／025

提高图书印刷质量的几种办法／035

行政管理人员应树立经营意识／037

大学出版社办公室功能的重新认识／041

被领导者的信用问题刍议／046

当前大学出版社人力资源管理的应对策略／057

数据管理：出版社强化微观管理的有效途径／064

试论出版社企业文化建设
——以中山大学出版社企业文化建设为例／069

转变观念，充分发挥基层党组织在高校企业中的作用／074

出版印制工作本质属性探究／088

目◆录

095 / 在金融危机宏观经济条件下，出版企业未来的发展思路

098 / 影响和制约实施公司治理的因素

101 / 出版运营现状简析与启示

104 / 后转制时期：大学出版企业人力资源管理的现状与应对的策略

109 / 作者队伍资源：大学出版界的核心竞争力资源

115 / 书刊印刷企业提高经营效益的有效途径

122 / 企业投资决策及颓势解局——以某印刷有限公司投资决策为例

126 / 印刷与印制的差异

130 / 水·花·女人

133 / 血和汗凝练的“洗衣舞”

136 / “碉楼”与“刀人”

139 / 东瀛归来感悟创新与可持续发展

144 / “上善若水”与企业和谐人际关系

148 / 精益求精

152 / 企业经营应树立“厚积薄发”的理念

156 / 为而不争

159 / 洋相

162 / 跋

非序之序（代序一）

杨　权

在中国这个讲“德望”的社会，人们出书往往爱问序于长者。因此当明基提出要我为他的《跬步集》作序时，我就揣摩，这是不是意味着在他的心目中，我已经“老”得够可以了。

但我不知道在他看来，我之“老”是指年龄，还是指资历。若是指年龄，我的确比他年长几岁，但马齿徒增，学无寸进，说明不了什么问题；若是论资历，他从事出版工作的时间比我还要早三四年——1983年，当我来中山大学出版社服务的时候，他已是社里出版科的老员工！后来我学剑不成，便离开火热的革命出版队伍到门可罗雀的古文献研究机构坐冷板凳锻炼屁股去了，而他时至今日，依旧雄赳赳、气昂昂地战斗在出版工作的第一线。

这么看来，说到出版，其实并不该由我为他作序，倒是该由他为我作序。当年蒋百里撰成《欧洲文艺复兴史》，请梁任公作序，任公满腹经纶，才气纵横，下笔便收刹不住，结果写出来的“序”篇幅几与原著埒，连他自己也觉得好笑——“天下古今，固无此等序文！”最后只好把这篇超级序文单独出版，而反问序于蒋百里。可惜我才疏学浅，在出版领域又不用心，从前固未能写出一部像《跬步集》这般有模有样的论著，现在也没有能力把这篇小文演绎成巨制，只好先记着明基的一笔文债。

曾子说：“士不可以不弘毅，任重而道远。”在明基身上，适有一股弘毅之气，这种“气”，应当是他当年在部队里涵养出来的。兵士出身的他，在生活上、工作中，时时都那么精神抖擞，干起活来雷厉风行，连走路也是大步流星的，与我这类缚鸡无力的散软文人大不相同。与明基共事这么些年，我就觉得他这个人有两个明显的特点：一是头脑清楚，信心坚定。他非常懂得自己应该朝什么方向前进，一旦明确了奋斗的目标，他就会义无反顾地朝前迈进，无论遇到什么困难也不气馁停步，就像电视剧《士兵突击》里所说的："不抛弃，不放弃！"二是爱岗敬业，工作勤奋。多年来，不管组织上安排他从事何种工作，他都会用心琢磨工作，快速熟悉业务，使自己很快成为本领域的专家。正是依凭着上述的良好素质，他从部队复员来中山大学出版社工作后，从一个工人编制的普通人员干起，然后任出版科副科长、科长、办公室主任、党支部书记，一步一个脚印，最后位至副社长，并兼印刷公司总经理，其人生轨迹，颇为亮丽可称。用"文革"的语言来说："真是进步很大！"需知他破茧化蝶，是在一个很特殊的环境里实现的。有一句给人打气的话说："是锥子总会冒出头来。"其实锥子冒头要讲条件：在布袋里要冒头固然不难，在铁皮袋里要冒头就难上加难——除非它足够坚硬尖锐。明基就是一把在铁皮袋子里冒出了头的锥子，他作为一名复员士兵，在中山大学这所"博士满校走"的老牌学府里闯荡，既无学历，也无人脉，只靠一根等腰哨棒，便打出了一片江山，真是不简单！要论"成功系数"，那是很高的。现在军队里都说要培养"军地两用人才"，明基便是"军地两用人才"的典型。我很纳闷，怎么到了现在，他当年所在那个驻扎在罗浮山的部队，为何还不敲锣打鼓把他请回去，给正在服役的兵士们"传经送宝"？

《跬步集》是明基出版的第一部文集，汇聚了作者近年来在此领域的研究心得。其中的文章有的在《出版与印刷》、《大学出版》等杂志发表过，有的则是首次面世。它们以出版为中心，旁及相关的问题，有研究图书定价的，有研究成本控制的，有研究印刷质量的，有研究人力资源管理的，不管研究什么，都融入了明基个人对问题的独特思考。他是个有心人，唯其有心，才能写出有价值的文章来。我想这些论文，对出版界同仁一定富有启迪意义。毕竟是当过兵的，他的文风，也显露着军人的色彩，何以见之？一是语言尖锐凌厉，句子干净利索，有如利剑出鞘，没有丝毫的拖泥带水；二是结构严整细密，条理清楚分明，就像兵营里的床铺，每件物品都合理整齐地摆放在应在的位置。人们常爱把“文”、“武”对举，似乎两者互不兼容，而在明基的这部文集里，我们却看到了二者的相辅相成。

明基把他的这本著作定名为《跬步集》，当出自《大戴礼记·劝学》的“不积跬步，无以至千里；不积小流，无以成江海”。“跬步”，是指行进中迈出了第一脚。以明基的性格，迈出了第一脚，就会有第二脚、第三脚，他是不会轻易停下步来的；而且其行进速度通常会很快，就像《水浒传》里的“天速星神行太保”戴宗，脚上安了“甲马”。我可以预见，在《跬步集》之后，明基在此领域很快又会有新的作品问世。为了省却他起名的麻烦，我姑且妨越俎代庖，为他起几个备用的书名吧：《更步集》、《健步集》、《动步集》、《天步集》、《正步集》、《信步集》……

有人说作书序比写书评难，因为作书评是附骥尾，可以旁逸斜出，肆无忌惮，而写书序是著佛头，必须敛息屏气，正襟危坐。我颇有同感。但明基是我的老同事、老朋友，他问序于我，我不能有叩无应，只好信笔写了这篇文字来交差。因为文章无“敛息屏气，正襟危坐”的面目，加上自觉没有替人作序的资格，故定名为“非序之序”，明基海涵了！

二〇一一年十月一日

（作者原为中山大学出版社总编辑，现为中山大学中国语言文学系教授、博士生导师）

智者不惑（代序二）

紫　陌

当下是媒体纷繁的社会。电视，可休闲地欣赏；广播，可轻松地收听；网络，可海阔天空地漫游；报刊，可无所顾忌地浏览。相比之下，写文章，显得有些“沉重”：要一句句去思考，一个个去诠释，一段段去思索，在毫无画面形象、音乐伴奏、旁白点拨的情形下，真有点“难”！

一个偶然的机会，作者让我为此文集写点东西，有点忐忑不安的感觉，生怕这精美伦奂被庸俗不堪的词语玷污。在看完每篇文章以后，终于还是写了，觉得假如不能在这出色文章后面留下一点痕迹，此生会留下遗憾！

没想到的是文集的作者把写文章当作不可缺少的营养品。对于工作带来的困惑，不是退缩，而是像饥饿的人扑在面包上一样，如饥似渴地思考与探索。让我们领略到他在学习上一点点地进步，在业务技能上一步步地成熟，并且形成自己的真知与灼见。

《跬步集》里有一个精彩的世界。《精益求精》，让人懂得无论做人做事都须讲究“精”字，不仅要追求“完美”，还要追求“更好”；《作者队伍资源：大学出版社的核心竞争力资源》，作为出版人对出版业前景的深层思考，大学出版社要与作者建立良好的关系，要有意识地建立、整合作者队伍的资源，形成自己图书的品格与特色，才能提升出版社在图书市场中的核心竞争力。此文无声胜似有声，内容充实独特，定能赢得业内的共鸣；《印刷与印制的区别》，在信息传递高效的时代对印刷行业的理解，传统与现代印刷模式的比较，论点精辟，令人耳目一新；《东瀛归来感悟创新与可持续发展》，从微观视线里寻找当前我国汽车、电子、动漫等高科技产业的创新方向与可持续发展。在这个绚丽多彩的世界里，此文道出了国人对类似产业的期许和忧患，是作者知性的、真性情的流露。在业务论文中，每篇文章概括扼要，重大题目的根本，道出了多数人在业内苦想多年而不可多得的答案，犹如一盏明灯。

纵横网络、书海，自以为再好的文章也不过是如此，“感动”就更难了，没想到的是这看似平淡如素的文章，字句之间如此精妙，论点独到，耐人寻味。让人深深地理解了“理无专在，而学无止境也，然则问可少耶”这句话。在文集里，每每读到悲伤之处，便为主人翁的遭遇而气愤不已，留下同情；读到幽默风趣之处，忍不住开怀而笑，妙不可言；读到深奥之处，不由皱起眉头，冥思苦想；读到独到之处，心动地敞开记忆，细细品味。既像是一位智慧的文人，不断启迪，又像是一位真诚的朋友，促膝交谈。

无论用多么华丽的修辞来形容文集的出色程度，都是不够的。就文集的整体而言，题材独特，主题分明，引人入胜，平淡中彰显不凡的文字底蕴，当为同行学习之典范。就艺术角度而言，这文集可能不算太成功，但其现实意义却远远大于成功本身。

在这个传统出版没有前途的时代，心里已经布满了悲哀。没想到看了这篇文集，不仅让人对新出版时代产生了希望，“大音希声扫阴翳”，看到了出版业与印刷业的未来！也没想到在出版社多年，阅人不少，但就文章的气势，那自信的语调，那精辟的论点，字里行间的辞藻，与同龄人、与同行业人相比存在着质的差别。更没想到是的在这样一个物欲横流的金钱社会里，看似阳刚、直率，看似毫无性情的这样一位性情中人，经过多年的点滴积累与探索，并将成果结集出版，让人感到意外的同时，也让我感受到了人性的伟大，也明白了一个永恒的真理——这个世界上只有真实存在着的具备广阔胸怀、有着完整的知识体系和业务技能的人，才能成为真理的导言人。

成功，靠的是“千方百计”对问题的考问，靠的是几十年对行业执着追求的“心路历程”；每篇文章都有思想、有灵魂，每个思考都是不能替代的唯一，不仅表达了作者思维的锻炼，也表达了由无意识到有意识，由浅入深的文化内涵。

当年的“楞小子”，如今已成为同龄人思想的领跑者了。

二〇一一年九月

（作者为中山大学出版社编务室主任）

晚成者未必不成（自序）

子曰："三十而立，四十而不惑，五十而知天命。"在年近半百之时，回眸一下前半辈子走过的路，旨在让自己活得更明白、更充实。

记得在读小学的时候，同桌的那位女生，在每学期不多的活动后记或专题作文中，都展现出其卓越的文学知识与文化功底。其严谨的文章结构、流畅的语言文句，甚至对事情详略的描写、人物内心世界的刻画、词句的选用，相比于今天周围有取之不完的参考书来看，都是毫不逊色的。如此，这位女生的文章几乎每次都被兼语文老师的班主任拿来当范文宣读和示范解读。当然，这样的示范效应，是引得我们其他学生争相效仿，暗暗发誓与发力，希望下次是自己写的作文能有被解读的机会。但是，当偶像成为遥不可及的神话时，脆弱与幼小的心灵也许就被导向了另一个层面。当我发现自己老是跟不上"潮流"、得不到老师的赏识之余，只能认为自己已经不再有写作方面的才能与才华了，更勿论在简单作文之外的各种题材、各种形式的写作了。因为觉得自己实在是太笨了。

也许是命运在开玩笑，也许是命运的安排，"笨小孩"日后却被安排在从事文字性的工作环境里，被安排在很有文化也很需要文化的岗位上了。

在中华大地即将展开波澜壮阔的改革开放鸿篇巨著之际，笔者踏着南方自卫反击战的硝烟，开始了军旅生活。在公众认为的大熔炉里面，更多的是被发现与发掘，再就是个性的展示与发展提升。小孩到大人、"百姓"到军人，这是从身心到思想成熟的时段。体魄、思想、胆识的改造，逐渐使笔者感到自己该干点什么了。四年的戎马生活，基本上与文字和数字打交道。铁打的营盘，流水的兵，在超期服役一年后，即将离开部队之际，由于本人的出色表现，时任连队指导员的周泉清予以恳切的要求，希望我能把两年当班长、代理排长的经验写成文章并留传下来，以飨后人。记得在苦苦思索两周后，仅近千字的经验总结《“军士”略谈》便交稿了，这也许是本人的处女作了。更没想到的是，该文被团广播站采用了，还派人来采访心得。好像开始觉得自己还行了。

不知道“命途多舛”是什么意思，命运却让我经历了。

从部队复员回来后，被安排到大学的出版社里工作。没有丰厚的文化知识与文凭，但却天天与知识、文字打交道。俗话说：“秀才遇着兵，有理说不清。”这是句旧话。的确，把简单的体力与肢体能力展示，转变为学识知识与经验的对碰，无疑是很难说得清楚的。但当代军人的知识、学识与经验，就另当别论了，军事理论家也能与其他秀才座以论剑。而从小就在大学里饱经文化风霜吹打的“兵”，却偏爱以理服人，并愿聆听教导。

初入出版行业，的确感到巨大的压力。因为从小就被“框定”为非读书人才，很难摆脱心理暗面。也许是 4 年军队生活的积累，在这时左右本人的思维与行为了。“适者生存”的法则显现了作用。适遇出版社管理经验丰富、技术全面而细腻的谢沛礼副社长对笔者进行了长达近十年的督导，循循善诱，犹如醍醐灌顶；此公廉洁、雷厉风行的行为风格影响了本人的一生。从此，我在学习文化、获取各种知识、业务技能以及为人处世等等方面汲取各种养分。与别人比，我失去了很多的东西与消遣时间，走了一条与众不同的成长、发展的路径，其情形视同为卧薪尝胆。

经过几年的努力与积累，工作上稍露头角了。大概在 20 世纪 80 年代末，广东省出版协会的两位老前辈罗兰如、王中权先生，为出版界发挥余热，每若干年就汇编出版一本《广东省出版科学论文选》。在采撷稿子时，对本人寄予了很大的期望与鼓励。经过半年的努力，一篇关于图书定价的“文章”完成了。可能由于基础太差，也可能过于缺乏经验，这篇东西连请了几位编辑帮忙修改，都以工作忙为由推之，无地自容啊。

在经过学习和问询之后，知道了小题大做等撰文要诀，重拟题目撰写了《缩短出版周期初探》一文，并经时任副总编辑的方绪源先生把关点拨，该文终于入选当年省版协的论文集。

小试牛刀的喜悦，却打开了另类的盒子。从此，在本人的职业生涯中，把经验、经历和对问题的思考，甚至对问题的解决之道，都纳入本人撰稿的范畴中。抱着把出版印制工作作为自己的专业去学习、去钻研的志向，对与出版印制有关的问题进行了逐一论述。

20 世纪的最后 10 年，我基本上是在出版社出版科工作，所撰写的文章基本与出版印制有关。而到了 21 世纪，进入了出版社领导班子工作，视线宽阔了，接触面广了，思域也变了，撰写的题材也转向多样化了。

在对知识不断吸取的同时，本人也没有放弃对文凭的追求。经过努力，读完了大专、本科，又参加了 EMBA 的学习，其他非学历教育更是积极参加。

潜移默化之间，在出版社这个大家庭中，好多的大家给予了我无形的帮助。出版社建社元老刘翰飞先生严谨的学风，对文句、引文出处的执著查找纠错，核对引用词语的细致和对文章选题水平的判断；社长徐镜昌先生对行政的理解、上下行公文的应用；当年的总编辑现任中大中文系博士生导师的杨权教授渊博的知识和倾囊相授；张亚拉副教授对《转型中不容忽视的环节》一文的修改，使本人对专业文章的写作有茅塞顿开的感觉；杨晓光社长非凡的领导才华，启发了本人对领导学的兴趣；方楚娟大师的杰作，更使我审美水平得到大幅度的提升；资深编辑王国颖博士更是多次力劝本人要去学习，拿文凭；出版社里与我搭档多年的高惠贞女士，是近年来我的文章的第一读者，常常对文中的各种不足给予指正。凡此等等，这都使我受益匪浅，而感激之情非纸墨能形容。

渐渐地，经过这么多年的积累，写了十多篇与出版印制有关的文章，也学会了写一些叙事性的散文和诗，还大量地撰写了上下行的公文，甚至还对党务方面给予了关注。“笨小孩”也能撑开一片属于自己的天空。

有两句老话，挺耐人寻味的：

欲速则不达、大器晚成。

晚成者未必不成。

二〇一一年春节
于中山大学

遵循价值规律，灵活制定图书价格

我国图书的定价，一直实行“保本微利”的原则，一般利润率保持在5%～10%，并且分门别类，以印张为书价的计算单位，按国家规定的每印张单价进行定价。这对传播科学知识，建设精神文明，满足人民文化生活的需要，起到了必不可少的作用。那么，在图书价格全面开放之后，出版社应如何制定合理的图书定价，既取得一定的社会效益，满足人民群众精神文化生活的需要，又能获得一定的经济效益，使出版社自身得到发展呢？我认为：应遵循价值规律，根据不同类型的图书，以及不同层次的读者对象，灵活制定图书价格。具体办法是，把出版社出版的图书，基本上分成三大类：一类是普及性、消遣性图书；二类是学术性，专业性著作；三类是大、中、小学教材。对这三种类型的图书，根据中央控制图书定价利润率的精神，按高、中、低进行定价。对第一类图书定高价，其利润率一般在30%～35%；第二类图书，其利润率可在5%～10%；对第三类图书，则实行低定价，但同样要保证其利润率在5%左右。这样，总体上保持出版社利润率在5%～10%的幅度以内。但是，在制定图书价格时，要考虑的因素往往是很多的，在众多的因素中，出版社应如何掌握分寸呢？分类的依据又是什么呢？价格放开之后，各出版社应采取什么措施呢？下面仅作一初步探讨。

一、以价值规律理论指导图书定价

我们的社会主义经济，是公有制基础上的有计划的商品经济。而价值规律是商品经济固有的规律，因此，凡是有商品经济存在的地方，价值规律就必然存在并发生作用；商品经济越发达，价值规律的作用就越得到充分的发挥。

价值规律告诉我们：商品的价值，由生产该商品的社会必要劳动量决定；商品要按价值进行等价交换。决定商品价值的社会必要劳动量其含义有两层意思：其一是单个商品的价值量，不是由生产它的个别劳动时间决定的，而是由生产该商品的社会必要劳动时间决定的。其二是生产某种商品的总量和该种商品有支付能力的社会需要量相符时，所耗费的劳动量是社会必要劳动量；超过有支付能力的社会需要量的商品，生产它所耗费的劳动不为社会所承认，不是社会必要劳动量，因而不形成价值。商品的交换，要以价值为基础进行等价交换。但是，并不是说，每次商品交换都是同等价值的交换。在实际交换过程中，商品价值和价格相一致只是一种偶然的情况，它们之间的不相一致，则是经常的现象。这是因为商品的价格虽然以价值为基础，但影响价格变动的因素很多，其中主要是市场上商品的供应和需求之间经常是不平衡的。不是这种商品供不应求，就是那种商品供过于求。供不应求的商品，就会涨价；供过于求的商品，其价格就会降到价值之下。供求关系的变动，影响商品的价格围绕价值上下波动。这种现象，正是价值规律作用的结果。

图书是一种特殊的商品。这种商品的特殊性在于图书本身是传播和积累科学知识和科技理论的社会精神产品，它既反映着时代的科学技术发展水平，又历史地积累着过去各个时期科学技术的发展成就；同时，也对科学技术的向前发展起着促进和推动作用。它是知识形态潜在的社会生产力，它所传播的正确内容一旦为人们所掌握，并运用到社会生产的实践中去，便会物化成现实的、巨大的社会生产力，起着推动社会物质文明迅猛向前发展的重大作用。所以，这种特殊商品，其价值量是不能单纯以生产这种商品的成本来作为制定价格的唯一依据，而充分考虑到图书的价值、社会效益、读者面、市场供求情况等因素。也就是说图书的价值量不能套用一般商品“在现有的社会正常的生产条件下，在社会平均的劳动熟练程度和劳动强度下，制造某种使用价值所需要的劳动时间”来衡量，而只能根据实际耗费、读者承受力、图书实用价值、社会效益等因素来决定。但是，它同样必须遵守价值规律，根据供求情况灵活制定价格。过去的图书价格，却没有遵循价值规律，只是按国家规定的每印张单价进行定价，没有考虑市场供求、读者经济承受力等因素，因此，规定了印张以后，印数成了决定每种图书盈亏的关键因素。因为，每本书的成本费用，都要承担为出版这本书所付出的排版费、稿费，这两大类基本费用（还有其他费用），因而，印数越大，平均每本书分摊的排版费、稿费就越少，也即每本书的成本越低：反之，印数少则每本书成本就高。在国家规定价格的情况下，不管印数大小，都按同样的价格定价，违反了价值规律，使出版社得不到应有的补偿，难以生存与发展。现在，则应迅速改变这种局面。

二、按分类灵活制定图书价格

（一）普及性、消遣性图书，应制定较高的价格

首先，普及性、消遣性读物本身的层次、价值不如学术性、专业性著作那么高，具有初中以上文化程度的人，或更低一点文化程度的人，都能看懂，所以，大部分人都可以购买，从而使这类书的印数较大。其次，普及性图书的读者面广，而且这一读者层大都有一定的经济承受力，因而，对较高定价的书，只要能给他们带来使用价值，即具有知识性或趣味性，他们就会购买。如江西人民出版社出版的《交际与口才》一书（1988 年 2 月第 5 次印刷）7.625 印张，定价为 1.80 元，除掉封面，每印张为 0.21 元，按当时国家定价规定，这种普及性读物只能定为 0.14 元/印张，但该书已第 5 次印刷，总印数达 48 万多册。这正如价值规律所示，这些“商品”为社会所承认，即该书的定价与有支付能力的社会需要量相符合，出版社所付出的劳动为社会所承认。再次，由于这类书印数大，印刷厂一般采用先进的、高速的机器设备进行印刷（如轮转印刷机），劳动生产率甚高，因此，每本书的成本相应下降，可谓良性循环。对这一种情况，国家可通过运用经济杠杆予以调节，如增加税收等，使出版社利润在 10% ~15% 之间。

（二）学术性、专业性图书，应制定适中的价格

学术性、专业性图书，制定略高于大、中、小学教材，低于普及性图书的价格，能使更多的读者接受。这类书，大部分是专业性强，学术水平高，具有较高的学术理论价值，因此，读者面较窄，除了本专业，或对本专业有兴趣的读者，其他人难以看懂。由于读者面过窄造成印数减少，从而导致印刷成本大幅度增大。如果对这类书定高价，就会使这些读者望而却步。如果学术性、专业性图书定价过高，能使高层次、低收入的知识分子购买吗？继而发生的是，书店订数减少，出版社印数减少，成本增加。可见，高定价会造成一种恶性循环，最后自食其果的还是出版社。如果我们对这一类书制定合理的价格，能为读者所乐于接受，那么，这类图书的销售量就会相应增大，从而印数增大，成本下降，使社会主义精神文明得到广泛传播，尖端的科学技术物化成社会生产力，促进社会生产的发展。当然应该承认，对学术性、专业性图书制定适中水平的价格，印数还是有限的，由于印数少而造成的亏损，不应由出版社“内部消化”，国家应给予适当补贴。

（三）大、中、小学教材，实行低定价

“经济建设必须依靠科学技术，科技工作必须面向经济建设。”而科技的发展，要以文化教育事业的发展为基础。由于我国的教育事业还很不发达，使得人才资源文化水平较低。据1982 年统计，我国文盲和半文盲有 2. 35 亿，占世界文盲 8. 89 亿的 26. 4%；同期，我国具有大学程度的只有 602 万人，占人口的 0. 6%。因此，作为国家对教育事业的投资，目前仍把大、中、小学教材这一类图书，规定了低价，并且给予补贴及调拨计划内的原材料（主要是纸张），并保证其出版社取得5% 左右的利润，在此，就不作探讨了。

三、积极采取措施，为灵活定价创造条件

遵循价值规律，灵活制定图书价格，国家运用经济杠杆对

出版社进行调节，并不是让各出版社坐享其成，图书的读者面是否广阔，印数的多少，如何降低成本，提高利润，都取决于出版社自身。各出版社在灵活制定图书价格的同时，也应采取相应的措施，如建立选题审查委员会，制定优秀选题；扩大发行渠道，增加图书印数等等，这样，出版社才能在社会主义商品经济中立于不败之地，使社会效益和经济效益双丰收。

（一）出版社应建立选题审查委员会，着力抓好优化选题的工作

首先，选题是出版社的基本建设之一。选题计划制定的状况，不仅关系到出书方向和图书质量，而且关系到出版社的盈利或亏损。各出版社应建立具有权威性的选题审查委员会。这个委员会既有较高的政治理论水平和学术水平，又熟悉各专业、各学科的研究动态，掌握国家政治、经济、文化教育等方面的发展情况，了解读者需求，了解作者队伍，从而对选题能够作出比较准确的预测和决策。其次，委员会在确定选题的同时，合理确定出版社图书的类型、比例，明确重点选题，并要进行论证与评估。应遵循价值规律，合理确定图书的结构，使出版社既有社会效益又有经济效益，真正做到自负盈亏，以书养书。

（二）加强成本核算

产品成本是企业为生产和销售新产品而支付的一切费用的总和。成本核算，是企业经营管理的核心。出版社也不例外。首先，通过对图书的成本核算，准确计算出图书定价的盈亏平衡点，为灵活定价创造条件。其次，加强成本核算的目的，在于降低成本。在图书按成本定价的今天，图书成本的高低是直接影响图书价格的重要因素。出版社在灵活制定图书价格的同时，应通过加强成本核算和管理，并通过合理选用纸张材料，选择适当的印刷方式以节约印刷费用，尽力减少额外支出，防止事故发生，加速资金周转和严格控制其他费用的支出等途径，使图书生产的个别劳动时间的耗费，低于社会必要劳动时

间的耗费，从而降低图书成本，以利于灵活制定合理的价格。

（三）扩大发行渠道，增加图书印数

遵循价值规律，满足市场的需求：降低图书价格，增强出版社所出版图书的竞争能力，关键就是增加图书的印数。前面我们已经论述过，每一本图书都要承担一部分的排版费、稿费等基本费用，而且成本与印数成反比，要遵循价值规律，灵活制定价格，首先必须广开门路，扩大发行渠道，以多种形式增大图书的印数。其次，应充分发挥作者、代销部门的积极性，并以多种形式开展图书的宣传活动，从而达到增大图书印数，为遵循价值规律，灵活制定图书价格创造条件。

（四）经营管理，建立健全各项规章制度

价值规律作用的实质，就是以最小的劳动消耗取得最大的经济效果。而要达到这个目的，就必须加强经营管理，建立健全各项规章制度。对一个出版社来说，应该从制定选题开始，到每种图书的编辑、排版、校对、印刷、发行，每一环节都应制定科学的进程及规章制度，做到各司其职，各负其责，这样，才能充分调动人们的积极性，减小“内耗”，防止事故，降低损耗，从而使每一种图书的成本降低，周期缩短，提高图书的出版工作效率，增强各出版社所出版图书的竞争能力，创造良好的社会效益和经济效益。

综上所述，遵循价值规律，灵活制定图书价格，采取相应的措施，以适应图书价格放开的需要，出版社定能适应社会主义商品经济的环境，我们的出版事业必将更加繁荣和兴旺发达。

完成时间：1989 年 1 月
发表载体：1990 年 2 月该文参加广东省出版经营研讨会研讨
1990 年 6 月该文曾参加第一届大学出版社出版研讨会研讨

缩短出版周期初探

当前，在出版行业中，普遍存在着出版周期长、拖期出版等现象。对这种现象，有的人认为，这是出版界的“正常现象”，并不以为然，有人认为这是不可改变的，因为书刊的出版有着众多的环节，而且每个环节都由不同的人员去完成，故难以缩短出版物的周期。而笔者则认为，出版物周期长不是“正常现象”，通过采取各种措施，是完全可以将出版周期缩短的。

周期，一解曰事物在运动、变化的发展过程中，某些特征多次重复出现，其接续两次出现所经过的时间叫周期；一解曰物体作往复运动或物理量作周而复始的变化时，重复一次所经历的时间（引自商务印书馆《现代汉语词典》1983 年版第 1504 页）。图书的出版工作，也是一个周而复始的运动过程。出版界中所述的周期，其起始计算时间，从广义角度上讲，是从作者交稿到出版社至见样书为止，中间经过审、编、排、校、印等；从狭义角度上讲，是指从编辑发稿发排到见样书为止。本文所阐述的周期是指从编辑经过总编室发稿，至质量检查样书为止这个时间，这也是大多数出版社目前所计算周期的起止时间。

以上述周期的标准，目前大多数出版社的出版周期（每种书以 20 万字计算），自然科学类一般为 190 天 ~ 210 天，社会科学类书一般为 120 天 ~ 150 天。个别新办出版社，由于出书数量少，故周期比较短。

目前造成出版周期长的原因以及怎样才能缩短周期呢？下面笔者谈谈几点粗浅的看法。

一、造成出版物周期长的原因

（一）出版社内工作缺乏全面的计划性

首先，大多数出版社对选题计划是相当重视的，制定了长远规划、近期计划，但对于编辑部的长期、近期发稿计划，却不是那么重视，有的只是形同虚设，年初制订计划后，由于众多的原因，使计划往往落空，但却不能及时调整、更正，并将信息告诉各有关部门，使印制部门工作受挫，无法按计划施工，其次是计划外的加急书过多将计划内的印制进度打乱，使计划内图书不能按计划实施，再次，是出版印制部门没有制定各工序的科学管理，以及没有严格按计划时间完成，这些都是周期相应延长的原因。

（二）原稿不能做到“齐、清、定”的要求

由于原稿未能做到“齐、清、定”而造成返工、浪费，直接导致周期延长，这里面有作者的原因，也有我们编辑人员素质的问题，但更主要的是制度上的问题及工作责任心的问题。

（三）人员业务水平不高，造成部门间互拖时间及工作脱节

出版社的人员来源，是根据其不同需要而选择的。到位之后，有的因为没有得到系统的业务培训，而在本职工作过程中，只能边学边干，往往就因此拖长了工作时间，使书稿在本部门的时间延长，从而导致总周期延长。其次，大多数出版社均设有出版科（室）与校对科（室），这两个部门又多为平等而不是隶属关系，因此，在书稿发稿后，由于出版科只实施对社外（印刷厂）进行调度，而无法对内进行调度；而校对科只能对社内实施调节，无法对社外进行调度，由此造成书稿在这两个部门间出现脱节、失控，直接延长周期。

（四）印刷厂选择印件施工

书刊印刷，一般都是微利。近年来，由于众多的原因，迫使印刷厂追求高利润，因此，工厂在稿件较多的前提下，就有选择地进行施工，如承接文字性的理论书稿，先排印数大的书稿，其他难度大的书稿，印数少的书稿就不愿接或往后靠，造成有的书稿在工厂待排时间延长。另外，由于工人是实行定额管理计算产量的；因此对一、二、三校后退厂改版的清样，他们也挑那些较为容易的先改。这些情况，也使得部分图书的周期相应延长了。

二、缩短出版周期的几点措施

缩短出版周期，无论对印刷厂、对出版社的经济效益、社会效益，以及对作者，读者都有着重大的意义。那么，怎样才能缩短出版周期呢？

（一）加强计划工作

计划工作是一门组织学，计划工作的职能是组织各成员努力实现单位提出的目标，如果没有计划工作，将会使任何一个组织变得杂乱无章，任何活动变得一片混乱。出版社只有加强计划性，才能提高两个收益。如一些配合形势教育的政治性的读物，往往要求尽快出版，如能在短时间内按计划出版，其效果是很显然的。又如大、中、小学课本的课前到书，都要求有严格的计划性。严格执行计划管理，对出版社来说，不仅缩短了图书的周期，而且也加速了资金的周转，对印刷厂来说，缩短了存版时间，加速了铅材料的周转，从而也提高了经济效益。既然计划工作是缩短周期的有效途径，那么要做到工作有计划，则应：

首先，发稿计划要落实。前面已述，编辑室对出版科应有个发稿计划，这个计划应分长期的及近期（或每季度）的，这些计划还必须落实，如有改变，必须及时以书面形式通知有关科室。而出版科在接到发稿计划之后，制定发排计划及相应的出书计划，当然，这须与工厂协商后制定，然后将出书计划反馈给编辑室，与此同时，根据原制定的出书计划时间分段安排各环节时间，如排版天数，校对天数，改版天数等等，这样，才能使各环节不致无时间所限。

其次，出版科必须对各环节起组织实施及调度作用。在计划实施过程中，往往由于各种情况，使各环节出现各种问题，造成时间的提前，推后等，例如：由于印刷厂因政治性的任务，中小学课本，特急件的穿插，书稿难度大，原稿计划字数与版面字数增大等，造成排版实际时间长于计划时间，那么出版科则应采取措施给予调节，在下面各环节中，设法挤时间，使书稿争取按原定计划时间出版。

（二）加强业务学习，不断提高人员素质

只有提高了人员素质及业务水平，出版社才能把好质量关，才能做到“齐、清，定”发稿，才能谈得上提高工作效率，缩短出版周期。

出版社在加强计划管理的前提下，很大程度要依靠具有高水平，有熟练的专业技能的业务人员去完成所制定的计划，以及运用业务知识、技能去解决实际工作中所遇到的困难，及时调整计划。除了必要的计划外，还要不断加强人员的业务学习，不断提高人员的业务水平。这样才能在各部门、各环节的工作中，使书稿流通顺利进行。

（三）发展固定的印制点，缩短印刷周期

固定的印刷厂（点），是缩短出版周期必不可少的一个环节，是图书质量的保证，是减少事故，降低成本的途径。

首先，出版社所委托印刷厂印制的出版物，都是正规的出版物，出版社对此有一套完整的技术要求，包括内容上的，如排版上的技术要求，业务联系方面的，如送校次数，对重印书改版的技术处理，付型付印的要求等等，这都要求印刷厂配合进行，并且要求熟悉出版社一贯的工作程序、责任部门、技术

标准等，使所遇到的和发生的问题得到及时解决。例如：对自然科学书中公式的排法，如遇三级排时，每一级所使用的字号，又如积分方程中的积分符号应统一用什么字号，又如在图书完工后的包扎长度，规格等等。这些一旦不能为印刷厂所接受，那么就很容易产生返工，从而延长周期。

其次，发展固定的印刷厂（点），使出版社与印刷厂建立良好的业务关系，使各自都能在互利的前提下，同步发展。在现实工作中，我们往往会碰到这种情况，有时出版社有的书需要加急完成，早日出书，厂方则积极配合，并且加班加点，使图书早日按时完成，使社方得到良好的信誉，有时工厂对某些难度大的图书，如字数较多，排版难度甚大，存版时间长的书，通过与出版社协商，在经济上得到出版社的支持，使厂方免遭亏本的危险。又如，印刷厂在排、印、装等生产中出现不平衡时，要求出版社相应发排书稿或纸型重印书，予以调节，使工厂生产顺利进行。这些对以后长远地发展业务关系打下了基础，使厂社双方合作良好，从而缩短出版周期。

（四）遵循系统论原则，缩短各环节的流通时间

系统论原理告诉我们，所谓系统，就是由相互联系，相互作用的若干要素组成的具有特定功能和运动规律的有机整体。系统方法具有：整体性，协调性，有序性，优化，模拟性，预测性，综合性等原则。出版社作为一个大的系统，它包含着互相联系的各个小系统，如编辑部，出版科、校对科、发行科，另加财务、办公室，资料室等等子系统，这些子系统必须根据系统的协调性原则，注意各部门之间的相互协调关系服从于大系统。如果不注意它们之间的协调就会影响大系统的正常运动，就会延长周期。系统的目的性特征告诉我们：任何系统都必须具有整体的目的性，并且往往不是单一的，而是具有多种目的性。系统的各个要素（部分，部门）都要服从于整体的目的性。我们的目的是缩短出版周期，使科技文化知识早日物化成精神产品——图书。因此，首先各个部门，各个书稿的流

通环节，应该从自身环节挖掘潜力，力争在本环节内把周期缩短，而不期望其他环节，这样，才能达到整体的目标——缩短周期。其次，各环节、各工序，必须科学地安排书稿流程。例如，对校对部门来讲，通过科学的安排书稿校次，能大大地缩短校对时间。因此，必须在考虑出版社，印刷厂的经济利益的前提下，遵循系统论原理，尽量把各环节的时间缩短，从而达到整体目的，缩短出版周期。

科技知识日益更新，这就要求知识的载体——图书的出版周期也要短。缩短周期，有利于出版社、印刷厂提高社会效益，经济效益，因此，我们必须设法缩短出版周期。

完成时间：1989 年 12 月

发表载体：《广东省出版科学论文选》第三集

1990 年 6 月第一届大学版协出版管理研讨会

充分发挥技术编辑在出版中的重要作用

众所周知，一部图书从书稿到成书，再拿到市场上销售，绝离不开技术编辑（含印制、校对等）加工这个重要环节。技术编辑的作用发挥得如何，在一定程度上决定了图书的经营效益，从而也决定着出版社的整体利益。

一、技术编辑对提高图书印装质量的作用

图书质量的内涵包括内容、编校、装帧设计及印刷等四大方面，这几个方面做好了，才称得上是优质产品。最能直观反映质量好坏的，首先是印装。新闻出版署规定，凡参加国家和国际图书评奖的图书印刷质量，必须是优质产品并应附有新闻出版署质检中心的检测认定报告。图书印装质量之重要，由此可见一斑。笔者最近前往香港地区进行业务考察，在参观了几家大型书店后深有感触，书架上不乏内容及编校质量优秀的内地图书，但其装帧及印刷水平却无法吸引更多的顾客问津。

技术编辑人员对图书印制质量起着决定性的作用。首先，技术编辑熟悉印刷材料。由于材料生产厂家不同，其差别相距甚远，材料是否使用得当，直接影响着图书的质量档次。技术编辑对材料了如指掌，往往能恰到好处地选择使用。其次，技术编辑熟悉印刷工艺，他们对印刷工艺的选择，如选择什么机型进行印制，也决定着图书的印制质量。在材料选择正确的前提下，采用合适的机型，才能保证图书质量。再次，技术编辑熟悉工厂的印制水平。每一个工厂都有自身的特点，有的彩印方面强一点，有的黑白书刊印刷方面好一点。什么书发到什么厂印制，也决定了图书质量的好坏。

二、技术编辑对降低图书印刷成本的作用

出版社一切出版经营活动的质量和成果，最终都将在成本

中表现出来。在图书成本中占70%—80%的是印刷成本，印刷成本的高低，直接影响图书成本和出版社经济效益。而印刷成本的高低则由技术编辑把关控制。降低图书印刷成本的途径很多，最基本的有：杜绝事故的发生、合理选择印刷厂、合理选择印刷工艺、合理选用纸张材料、缩短出版周期、加速资金周转等。要使上述各项工作取得较好的效果，必须依靠在图书生产过程中与这几项工作密切相关的技术编辑。首先，杜绝事故发生是降低成本的前提。我们知道，在出版社里，从发稿后到出书前这一段，正处在技术编辑的工作过程中，稍一疏忽或把关不严，便容易造成事故及浪费，直接导致成本上升。技术编辑通过加强检查、督促，能够避免事故的发生。其次，选择工厂及工艺更能左右印制成本的高低。技术编辑熟悉业务，无论是对工厂还是对工艺的选择，都能得心应手。试想，如果我们将一本属于一般产品质量要求的图书发给精细产品的工厂承印，其印刷成本必将大大增加。再次，材料的选用，同样影响着图书的印刷成本。稍一不慎，就会造成成本上升。对纸张材料的选用，须由熟悉情况的技术编辑把关。因此，要提高经济效益和降低图书印刷成本，不可忽视技术编辑的作用。

三、技术编辑对缩短出版周期的作用

随着科技进步，信息的传播越来越快，世界上最大的计算机互联网信息高速公路Internet已经与我们息息相关。Internet网缩短了信息沟通的时间和途径，同时也给图书出版业带来了冲击，缩短出版周期已经刻不容缓。要缩短出版周期，特别是印制周期，必须通过加强出版社的计划管理，提高各部门人员素质，发展众多的固定印制网点，合理安排书稿在各工序的流通时间及使用新技术等办法，才能达到目的。而在目前我国印刷业效率不高的情况下，要经常性地、长期性地督促、检查印刷厂的印制进度，确保大部分图书在尽量短的时间内出版，就必须依靠对工厂人员、设备、工艺非常熟悉的技术编辑去完成这个任务。

此外，技术编辑在出版社图书经营过程中，对制定图书定价、图书印数，参与图书宣传，协调出版社资金周转，以及对精装图书用料及特殊工艺的制作提供技术保障等方面都起着不可忽视的作用。

由于技术编辑具有上述几方面的优势，如果在出版过程中能充分发挥这支队伍的积极性，那么对提高出版社经营效益和整体利益将产生巨大的作用。

完成时间：1998 年 2 月

发表载体：《大学出版》第二期

转型中不容忽视的环节

由数量增长型向质量效益型转型，要求出版社通过自身改革、挖潜，在图书经营过程中，最大限度地取得社会效益和经济效益。如何在这个过程中取得良好的社会效益和经济效益，是摆在我们面前的重要课题。

众所周知，要想取得良好的社会效益和经济效益，首先要有优秀的选题，其次是发行工作得力，渠道畅通，这是取得良好社会效益和经济效益的重要前提。但是，有了优秀的选题，并不意味着实现了“双效益”，我们不应忽视为了使图书从书稿变成图书，从选题到实现双效益而发挥着巨大作用的技术编辑这个重要环节。

我们知道，出版物经过编辑加工、审读，出来的只是精神产品——书稿，而经过技术编辑（含工厂、校对等）加工后，则成为物质产品——图书。精神产品与物质产品的最大差别，是能否在市场上进行交换，也即能否发行销售，实现两个效益。而在书稿变成图书、精神产品物化成物质产品的过程中，由于技术编辑对印刷工艺、价格、质量、材料、周期以及各印刷厂特点的熟悉，决定了图书的经营效果；他们作用发挥得如何，在一定程度上决定了图书的经营效益，从而也决定着出版社的整体利益。

一、要提高图书的印装质量，切不可忽视技术编辑的作用

“质量效益”中的质量，其内涵包含内容、编校、装帧设计及印刷等四个方面。这几个方面做好了，才称得上是优质书。最能直观反映质量好坏的，首先是印刷，一本印刷精美、质量高档的图书，一经推出市场，摆上书架与读者见面，便产生出一种无形的宣传广告作用，无论是给读者美的感受，还是

作为精品收藏，均能满足读者的要求。从去年开始，新闻出版署已作出规定，建立图书质量自查及审校制度，规定“凡参加国家和国际图书评奖的图书的印刷质量，必须是新闻出版署优质产品并应附有署质检中心的检测认定报告”。图书质量之重要，由此可见一斑。

据某杂志载，我们有些书刊内容上乘，但由于用纸、印制及装帧水平差，价格上不去，影响了效益的实现，“如同样一部《王力文集》，我们出口只卖100多美元，而台湾则卖1000多美元。”（引自《中国出版》1997年第4期第10页）此外，笔者最近前往香港地区进行业务考察，在参观了几家大型书店后，也深有感触，书架上不乏内容及编校优质的内地图书，但其装帧及印刷水平却无法吸引更多的顾客问津。

印制优质的图书未必能创造社会效益和经济效益，但有社会效益和经济效益的书必须是优质品。

那么，应采取什么办法才能提高图书印装质量呢？笔者认为，不应忽视在图书物化过程中，默默无闻的印制工作者，也即技术编辑人员的作用。这是出版社内部运作的中间环节，也是书稿运作时间较长的一个部门，恰恰是他们对图书印制质量起决定性的作用。首先，技术编辑熟悉印刷材料。材料是否使用得当，对图书的质量档次起决定性的作用，在材料市场里，由于生产厂家不同，其差别相距甚远，如封面用料是用双面铜版纸，还是单面铜版纸、玻璃纸，过光胶，还是哑光胶，其质量效果都不一样；又如60克书写纸，由于产地不同，厂家不同，其白度相差很大；精装材料更是花样百变。对这些，技术编辑能应付自如。在长年的工作经验积累中，他们了如指掌，往往能恰到好处地使用。其次，技术编辑熟悉印刷工艺，对印刷工艺的选择，甚至仅是选择机型，都会是对图书印制质量进行判决。俗话说，“好马配好鞍”，在材料选择正确的前提条件下，采用合适的机型，才能保证图书质量。1996年底查处的盗版书《成功策略》就是个很好的例证，其中一个盗版书用的同样是80克胶版纸印内文，但由于用八开小型胶印机印刷，其质量相当低劣。再次，技术编辑熟悉工厂的质量水平。每一个工厂都有自身的特点，有的彩印方面强一点，有的黑白书刊印刷方面好一点。什么书发到什么厂，也决定了图书质量的好坏。

由于技术编辑具有上述优势，因此，要提高图书的印制质量，不能忽视技术编辑的作用。

二、要降低图书的印刷成本，切不可忽视技术编辑的作用

“质量效益”中的效益必须是双效益，即要有较好的社会效益和较高的经济效益。在出版社的经营活动中，成本问题当然是个突出问题，对书刊成本管理水平的高低，综合地反映了出版社经营活动的水平；出版社一切出版经营活动的成果，最终都将在成本中表现出来，而图书成本中占70%—80%的是印制及材料成本，可见成本的高低，直接影响出版社经济效益。而印制成本的高低则由技术编辑把关控制。降低图书印制成本的途径有很多，最基本的途径有：杜绝事故的发生、合理选择印刷厂、合理选择印刷工艺、合理选用纸张材料、缩短出版周期、加速资金周转，甚至参与印刷经营等，才能使印制成本确定在一个合理的尺度上；而要使上述几项工作取得较好的效果，必须依靠在图书生产过程中与这几项工作密切相关的技术编辑。首先，杜绝事故是降低成本的前提。我们知道，在出版社里，从作者交稿到图书出版，这个流通过程中最容易出事故的是发稿后，出书前。而这个过程正是处在技术编辑所在的部门（生产部、制作部、经营部、出版部、出版科等），稍一疏忽或把关不严，便造成事故及浪费，直接导致成本上升。而技术编辑却能了解事故容易发生的环节，通过加强检查、督促，从而避免事故的发生。其次，选择工厂及工艺更能左右着印制成本的高低。材料有高低档之分，印刷厂也有适合印制精细产品和一般产品之分，精细产品一般其印费都高于一般产品。由于技术编辑其职责所在及熟悉业务，使其无论是对工厂

还是对工艺选择，都能得心应手。试想，如果我们将一本属于一般产品质量要求的图书发到了精细产品的工厂承印，其印制成本将会如何呢？后果是很明显的。第三，材料的选用，同样影响着图书的印刷成本。在印刷费中，如果印数较大时，其纸张费用占印刷费的80%—90%，甚至更大；此外，同样克数的纸张，由于纸张产地不同，其质量就不一样，而且其价格差别也很大，每令纸相差几元到十几元、几十元不等，稍一不慎，就会造成成本上升。纸价的高低，决定着印制成本的高低。对纸张材料的选用，须由熟悉情况的技术编辑把关。因此，要提高经济效益和降低图书印制成本，不可忽视技术编辑的作用。

三、缩短出版周期，切不可忽视技术编辑的作用

我们知道，随着科技进步，信息的传播越来越快，世界上最大的计算机互联网络信息高速公路Internet已经与我们息息相关，它把全世界150个国家的近500万台计算机主机和4000多万个用户紧密相联，是全球最大的“图书馆”和信息资料库；它为人类提供了巨大的信息资源、快速而简捷的通信和检索手段，人们可以从网上参阅资料，获取知识，还可以通过网上购物、消闲等。Internet网缩短了信息沟通的时间和途径，同时，也对图书出版业带来了冲击，我们的图书，其出版周期还能像以前那样4个月—6个月甚至更长吗？难道读者还会买已经相隔一年多的那些事件纪实的书吗？试想一下，如果不是在海湾战争期间推出有关《萨达姆传奇》这类书，市场上会有销路吗？出版周期过长，也无法称得上“优质高效”，缩短出版周期已经刻不容缓。要缩短出版周期，特别是印制周期，必须通过加强出版社的计划管理，提高各部门的人员素质，发展众多的固定印制网点，合理安排书稿在各工序的流通时间及使用新技术等，才能达到目的。而在目前我国印刷业效率不高，机器设备不先进，经营意识、市场意识不高的情况下，是以消极的态度放任自流，还是采取积极主动的态度去督促、落

实呢？我想应该以积极主动的工作方法去缩短出版周期。要想经常性地、长期性地督促、检查印刷厂的印制进度，确保大部分图书在尽量短的时间内出版，就必须依靠对工厂人员、设备、工艺非常熟悉的技术编辑去完成这个任务。否则，就容易导致社、厂双方造成损失。前几年，我社某位编辑，自己找印刷厂承排承印书刊，因其业务不熟，不了解工厂特点，结果导致工厂经济损失，出版社也延误了出版时间及增加了成本。至于同行业中，由于文字编辑自行联系印制而造成出版周期延长及成本上升、出现差错而翻工的例子多不胜举。因此，要适应新形势，必须充分发挥技术编辑的主观能动性，提高其工作积极性，才能缩短出版周期。

此外，技术编辑在图书经营过程中，对制定图书定价、图书印数、参与图书宣传、协调出版社资金周转，以及对精装图书用料及特殊工艺的制作提供技术保障等方面都起着不可忽视的作用。

社会的发展，经济的繁荣，百业竞争越来越激烈；而各种竞争中，最终又演变成人才资源的竞争，拥有一流的设备、环境、管理制度，及其他条件，还必须拥有一流的人才，这样才能使本企业在竞争中脱颖而出。近年来我省技术编辑队伍在不断发展和壮大，其业务能力及水平都有了较大的提高，他们除了熟悉业务之外，都年轻力壮，正处于“高产出”阶段，如果在“转型”中能充分发挥这支队伍的积极性，那么对进一步繁荣粤版图书及出版事业将产生巨大的作用。

完成时间：1998 年 12 月

发表载体：中山大学出版社《出版技术经营研究论文集》

降低图书印制成本的几种方法

图书的印制成本，就是图书在印制过程中产生的费用。图书印制成本的高低，直接影响图书在市场中的竞争力，影响出版社的经济效益；应把降低印制成本放在重要位置上。

在考虑降低印制成本时，必须同时考虑图书印制质量、出书周期等，并在保证质量，特别是纸张质量以及出书周期的前提条件下，将印制成本降到一个合理的尺度上。下面谈谈几种降低印制成本的方法。

一、杜绝事故，是降低成本的前提条件

图书的印制成本，少则几千元，多则几十万元，上百万元，在图书的印制过程中，任何一个环节出事故，都会造成经济损失，增大图书的成本。要杜绝事故的发生，首先，出版社要健全各项规章制度。健全的制度能将事故隐患消灭在萌芽状态。其次，印制人员要勤下厂检查、监控。印制人员到位监控，能使出版社的各种意图落实到厂，也是出版社规章制度的延伸。再次，督促承印厂加强质量管理，杜绝事故的发生。要降低图书印制成本，杜绝事故理所当然放在首位。

二、化整为零的印制方式

首先，分段制作图书，择优选厂承印。图书的印制过程大体上分为排版、印刷、装订等，要降低图书成本，可分段选择价格最优惠的工厂。现代社会，分工越来越细，分工的精细使工作效率提高，加上市场的激烈竞争，使价格下降。这些，对我们降低图书成本是非常有利的因素，我们可通过选择价格优惠的实体，降低各段的成本，从而达到整体成本降低的目的。

其次，分清印制项目，逐项列明费用。印刷费的计算形式有多种多样，有的按印张（或者按每本书、每个页码），有的按工艺逐项列明收费……。这方面。办社时间较长的出版社，给我们提供了很好的经验，无论印刷费按哪一种形式进行结算，其结算时都是按每个工艺计算的，要降低图书的成本，就要在熟悉各个印刷工艺的情况下，要求承印厂逐项列出计算标准及计价过程，并交出版社审核。而工厂往往不愿意用此法进行运作。因为，越细越明了，工厂的利润就越难提高；越是简单化，工厂的利润则越高。

三、合理选择印刷厂及印刷工艺

首先，应灵活地选择印刷厂。图书的印制分精细产品印制和一般产品印制。一方面，不同的产品，印制及收费也不一样；另一方面，不同的印刷厂，都有各自不同的特点。要降低成本，必须根据图书的特点，相应选择工厂进行印制。另外要注意，由于个别厂计价员对工艺的不熟悉，从而导致计价方法不当，造成费用上升。

其次，应合理选择印刷工艺。图书的印刷工艺，对成本的高低也起着一定的作用。目前，大多数出版社所出版的图书，其印数短版居多，尤以 0.5 万到 1 万册占的比例最大。因此，在条件允许的情况下，要合理地选择印刷工艺。第一要合理地选用印刷设备。不同机型，每令纸的印刷工价不同，其纯印费有的甚至相差一倍。第二要合理地选用装订工艺。不同的装订工艺，其收费标准也不一样，铁丝平订、无线胶订、锁线订三者之间的价格可以相差 50% 以上。如果我们不恰当地选择了工艺，就会造成成本上升。

再次，不可忽视民营企业及合资企业的生产能力与价格优势。民营企业、合资企业，其内部经营管理有他自己的长处，加上在原材料进货渠道上的灵活性，从价格上、质量上、服务态度上，他们都具有较强的竞争力。

四、降低纸张费用，是降低成本的重要途径

在图书的印制费中，纸张费占的比例较大，特别是印数大的图书。

要降低纸张费用，首先，出版社必须自购纸张。自购纸张能减少中间环节及中间给厂方的利润，改变工厂产品的生产性质（厂方供纸是一种销售关系，社方供纸是一种加工关系），并能直接控制图书纸张质量。出版社自购纸张，一方面可选用质量较好的纸；另一方面，也可避免用多批纸张共印一本书，造成“夹心”书现象，以致影响质量。此外，自购纸张增大进项税的金额，也可降低图书成本。

其次，督促工厂采购价格优惠的纸。出版社如无法自购纸张，可通过监督，或者检查印费中的纸张价格，使纸张费用下降，从而在整体上降低印刷成本。

五、参与印刷经营，改变图书成本、利润结构

从图书的流程和运作上看，图书的利润可分为：印刷利润、出版利润、发行利润。印刷厂拥有印刷利润，出版社拥有出版利润，发行部门（新华书店、出版社发行部门或二级渠道等）拥有发行利润。出版社为获取更多的出版利润，必须拥有固定的印刷基地或自己的印刷厂。

第一，拥有固定的印刷基地，可较大限度地将图书在成形前的利润节约下来。一方面，拥有印刷基地为降低印制成本打下了良好基础。作为印刷厂的长期客户和大客户，承印厂理应给予最大限度的优惠，使出版社与一般客户区别开来。另一方面，拥有固定的印刷基地对稳定本社图书印刷质量也有很大帮助。

第二，拥有自己的印刷厂，对出版社降低印刷成本提供保障。出版社拥有自己的厂对保障图书出版，降低成本具有不可忽视的作用，而且还能预防因不正当竞争、价格垄断等因素造成出版社出版目的无法实现的事情发生。相信随着市场竞争愈

演愈烈，拥有自己的印刷厂将成为出版社出版利润的一个新的经济增长点。

此外，加速出版社资金周转从宏观意义上讲也是降低图书成本不可忽视的办法。

降低图书的印刷成本，缩短出版周期，提高图书印制质量。是我们每个出版、印制工作者的职责，也是我们不断学习和探讨的经营之道。相信通过广大出版、印制工作者的共同努力，图书的印制成本将会降到一个较合理的尺度上，为读者提供更多质优价廉的精神粮食。

完成时间：1999 年 3 月

发表载体：《科技与出版》第三期

浅论出版社印制人员应具备的素质

人的素质是社会历史的产物。科学技术是第一生产力，掌握科学技术的高素质人才，对历史的发展将产生巨大的影响。随着社会的发展，人力资源是第一资源已得到充分的肯定。国家的综合实力能否处于优势，关键是看其国民的整体素质如何。邓小平指出："我们国家，国力的强弱、经济发展后劲的大小，越来越取决于劳动者的素质，取决于知识分子的数量和质量。"①

从行业或单位方面考虑，一个出版社综合实力如何，也取决于人力资源的素质如何。出版社只有拥有高素质的人才队伍，才能使出版社得以高效、高速发展。印制人员是出版社员工的一个部分。印制人员在出版社经营管理中起着联系内外、承接上下工序，在决定图书成本、保证图书印刷质量、实现印制工艺创新及按时出书等方面起到重要作用，因此，印制人员的整体素质是决定着出版社整体效益的重要因素之一。

印制人员的整体素质，主要指印制人员的思想道德素质、知识素质、能力素质和心理素质、身体素质。其中的知识素质是印制人员的基础素质，是衡量印制人员素质高低的重要标志。

一、思想道德素质

思想道德是要首先强调的素质。新闻出版工作是党的重要宣传阵地，在社会主义现代化建设中，要发挥出版工作积累先进文化、传播先进的科学文化知识的功能，就必须使出版工作者具备过硬的思想道德素质。

---

① 《邓小平文选》第 3 卷．北京：人民出版社，1993 年版第 120 页。

（一）熟悉党的路线、方针、政策及出版法规

党的路线、方针、政策，是每一个出版工作者的行动指南。作为一名印制工作人员，时刻要关心、学习、领会党的路线、方针、政策及出版法规，这对日常工作有着非常重要的意义。首先，协助编校人员对图书内容进行把关。图书出版制作的大部分时间，都在排、校、改、印、装这个环节上，如果印制人员熟悉党的路线、方针、政策及出版法规，那么在工作中就能发现书稿中与此相违反的内容，就能将问题及时向编辑人员提出改正。其次，自觉抵制与党的出版方针相违背的行为，依照《出版管理条例》、《印刷管理条例》等进行工作，抵制非法印制及违规印制图书的行为，确保出版社图书出版的政治质量。

（二）树立全心全意为人民服务的思想

全心全意为人民服务是我党的宗旨，也是每个出版工作者的工作宗旨，作为印制人员，更应具备这种思想。由于印制工作处于“编、印、发”的中间环节，既当不了出版社的“龙头”，也得不到“重点保护”，如果没有全心全意为人民服务及为作者、编辑、读者服务的思想基础，处处为其着想，那么，我们的印制工作是难以做好的，更谈不上对印制工作的开拓、创新。

（三）以集体利益为重，保持廉洁奉公的道德操守

现代企业，必须拥有强大的凝聚力，使每一位员工能全心全意为企业服务，让员工拥有自豪感及主人翁精神，自觉以企业集体利益为重，保持廉洁奉公的操守，才能取得良好的社会效益和经济效益。出版印制人员，由于其工作性质主要是向社外发印（含排版、电分、装订、购纸张材料等）业务，出版社内70%～80%的成本费用是以印刷费形式支付给制作单位，是出版社经营管理环节中，是“支出”的“大户”。目前，在市场经济日趋完善，但法制尚未健全的情况下，市场上有个别

制作部门为谋求利润，也会采取不正当竞争的手段去揽业务。因此，印制人员应具备较高的防腐蚀、洁身自爱的素质，为确保本社图书能降低成本，在市场竞争中处于有利地位，以廉洁的工作作风和道德操守，为出版社创造良好经济效益打下基础。

二、知识素质

劳动者的知识素质，直接制约着企业的整体素质及企业的整体效益，是企业的基础。很难想象没有经过系统知识习得的人，能在如 IT 业、金融业等行业有所建树。出版业也不例外。据《中国出版》杂志载：出版社人才学历层次较高，本科学历人数占人才总数的 40% 左右，硕士以上学历的也占人才总数的 8.2%，这充分显示了出版行业的高文化素质。作为印制人员，要出色地完成本职工作，也须具备相应的文化知识及业务知识素质。

（一）科学文化知识

有合理的知识结构，才能提高印制人员的印制管理水平。印制人员必须具备较宽的知识面，如马列主义、邓小平理论知识、一般基础科学文化知识、市场经济知识、现代科技知识和法律知识等，才能使其对工作的思考从单向度转为多向度，思维方式从平面转向立体，避免工作思维的片面性和局限性，造成出版社经济损失。

（二）出版印制管理专业知识

出版印制管理，具有丰富的知识性及技术性。出版印制工作不是随便招聘员工就能顶替的工作，原因就是它具有较强的技术性，它涉及经营管理学、经济学、出版概论、印刷概论、机械原理，而且还要懂得计算机技术及 Internet 网络知识等等。印制人员要想得心应手地进行工作，须具备上述几方面知识，特别要精通印刷工艺及印刷机械知识、计算机技术，这样，才能对各种图书的印制管理及成本管理运用自如。

（三）相近工作的知识

由于印制工作有承上启下、联结内外的性质，工作中遇到很多问题不能单独处理，如封面用料的改变、专用色的调校准确度、彩色插页的位置等，需与相关的美编、责编联系解决，如果印制人员掌握的相关知识面广一点，如美术学原理、编辑学及出版行规、国家标准等等知识，则在印制管理工作中及时对一些非原则性问题作出处理，从而提高工作效率。

三、能力素质

印制人员能力的强弱，取决于他们对知识的掌握、发挥和运用。只有拥有广泛及丰富的知识，才能拥有较强的工作能力。印制人员的能力素质，包括创新能力和综合能力、计划能力、激励能力。

（一）创新能力

江泽民总书记说过，创新是一个民族进步的灵魂，是国家兴旺发达的不竭动力。出版社无论是选题工作还是印制工作都必须具有创新能力及精神。

从投资角度考虑，出版社每决定出版一本（套）书，即是一个投资项目，作为投资企业都希望每个项目都得到相应的回报。因此，每出版一本书，都是一个创新项目，印制人员每印制一本书，都承担着一定的投资风险，一旦遭遇事故或工艺设计不当，出版社就要蒙受经济损失。此外，每本（套）书都有其印制的共性与个性，如果印制人员没有创新能力，就难以满足、突出图书印制的个性。创新能力是多方面的，至少体现在以下方面：

（1）洞察力　就是能准确把握图书印制要害的直觉能力。学习、锻炼、提高这种能力，有助于印制人员能预防事故的发生及优质印制图书。

（2）预见力　超前把握事物发展的能力，也即运用抽象思维的方法，合理设计图书印制的全过程。印制人员具有这种能力同样对工作效率及预防事故起很大作用，但这种能力，是建立在熟练掌握印制管理知识，以及对具体图书印制现实的辩证关系及严密的逻辑思考的基础之上。

（3）决断力　这是对突发事件迅速作出抉择，并形成最佳效益方案的能力。印制人员在制作图书过程中，经常会碰到许多诸如工艺、材料、颜色、制作效果等突发事情的选择，缺乏决断力的印制人员只会延误印制及出版时机，并不能有任何创新。

（4）应变力　是一种在事物发生变化时，善于随机处置及快速适应的能力。在科技日新月异的今天，传统印制工艺已不适应社会化大生产的要求，以数字化印刷，远程网络数据传输和网络出版、网络印刷技术等作为特征的第三次出版业改革浪潮，已迫近我们的日常工作、生活，作为印制人员必须具备这种应变力，才能适应社会的发展。

（二）综合能力

印制人员综合能力的高低，将直接影响出版社经营管理的好坏。因为综合能力是各种应具备素质中又一基本能力要素，是将各种素质综合运用于实际工作中。综合能力的运用，取决于信息、知识、利益整合、组织协调及公关口才等方面的发挥。

（1）信息获取能力　印制人员必须充分掌握与本职工作相关的信息，才能对各种选择做出正确的决策。如纸张材料价格信息、印制价格、印制工艺信息，甚至目前本地区各印刷厂各自的优势及劣势等等。这些相关信息，一方面有利于出版社对图书成本的控制，直接影响图书定价；另一方面保证出版印制部门对发印图书等决策得心应手。在现今信息多变的社会中，信息占有量及获取、运用程度如何，将对决策成败起决定作用。

（2）知识综合能力　从科学发展的角度来看，各学科是高度分化又高度综合并相互交叉，印制人员在掌握多种知识的前提下，应充分认识各门学科的相互联系，并将本专业所掌握的理论与实际操作结合起来，发挥整合能力，将印制管理工作管理好。

（3）利益整合能力　实际工作中，由于“编”、“印”各自有其利益关系，不可避免地在“编”与“印”中存在着尖锐的矛盾。即出版社希望降低成本，印刷厂希望提高利润，而印制人员正处于这两个经济实体之间。为了能长期合作，共同生存，印制人员作为出版社的代表，必须具备这种利益整合能力，使出版社成本既能控制在一定范围之内，而印刷厂又有一定的利润空间，达到双赢的局面。

（4）组织协调能力　印制管理工作，可分为两大方面，一方面是印制部门的内部管理，包括排版、校改、印制、材料供应，出版计划，出版统计，印费的结算等。另一方面是外部管理，即对印刷厂的监控管理，包括对图书印制进度，质量监控，送书方法、时间等；按目前出版社分厂管理或分类管理的形式，如果印制人员组织协调能力不强，难以胜任此项工作。

（5）公关口才能力　口才是智慧、知识、才干的结晶，是无形的财富。随着市场经济的发展、商务活动的增加，公共关系这门学科越来越为人们所重视，而口才是公共关系这门学科中，最基本和最有效的公关工具。没有良好的公关口才能力，是难以进行商务交往的。印制人员时刻肩负着代表出版社与电分、制版、印刷、装订、纸张材料等部门进行商务谈判活动：印制人员应充分发挥自己优秀的公关口才能力，巧妙的讨价还价，努力使对方理解己方的处境与环境，从而降低出版社印制成本，提高图书印刷质量，出色地完成任务。

（三）计划能力

计划是实现目标的重要保证。没有科学的计划，便没有成功，更不能实现预定的目标。印制人员要具备的计划能力，是体现在制定计划和执行计划两个方面。

(1) 科学制订计划　印制人员的计划能力，首先体现在制订计划的能力上。计划的制订，须遵循联系实际、实事求是，积极进取、留有余地，突出重点、统筹兼顾的原则。根据本社出版计划、发稿的规律性、结合当地印制能力，制定出科学的、合理的发排、发印、出书计划，既要考虑长远出书的需要，又要满足加急出版之所需，这样才能使印制管理工作有章可循，按进度实施。

(2) 灵活执行计划　有了科学的计划，并不等于一切顺利，万事皆休。印制人员要善于在实际工作中灵活执行所制定的计划。因为一方面由于图书的制作，尚需一定的周期，在这期间由于种种原因造成某工序、某环节延误、脱节，而无法按计划实施，这需要灵活执行计划及及时修订计划。另一方面，情况在不断变化，实施计划过程中，往往会遇到与计划相背离的情况，这也需要印制人员以计划为原则，灵活地执行，确保图书按时出版。灵活执行计划，也是发挥组织协调能力的基础。

（四）激励能力

激励方式是一种最直接服务提高效能的领导方式，从组织行为学原理中我们可以知道，对组织中成员通过不同方式的激励，有利于提高他们的工作积极性，从而提高工作效率。一个出版社精明的高水平的印制管理者，要善于根据这些理论，敏锐地观察各个印刷厂的需要，利用厂方对业务量的渴求，根据他们各自的生产特点、擅长，设置一定的目标和条件，激发其良好的动机、调动其积极性，向高效、优质的方向努力。出版社在达到目标和条件后，应通过适当的办法对厂方进行奖励。通过这种激励的途径和手段，使各印刷厂家的努力方向与出版社目标、要求相一致，从而收到最佳的印制管理效果。

四、心理素质

从心理学的角度考虑，心理素质应包括思维、记忆、动机、情感、意志、气质、性格等等，印制人员要具备良好的心理素质，必须从以下几方面加强锻炼。

（一）雷厉风行、敢于决策的气质

在印制管理过程中，印制人员时刻都会面对很多需要作出决策的事务，而任何决策都是具有时效性的，容不得拖泥带水。在拥有良好的知识素质基础上，印制人员应有雷厉风行，敢于决策的气质，这样，才能对这些事务作出正确的及时的决策。

（二）宽容大度、竞争开放型的性格

印制工作是挑战性很强的工作。如何在同等条件下，降低图书印制成本，提高图书印刷质量，缩短印制周期，是每一个印制人员共同追求的目标。在日常工作中难免会遇到社内社外一些人员为某些利益而对印制管理工作进行打压与竞争，印制人员应有宽容与开放竞争的性格，在维护出版社利益的前提下，积极地参与竞争，提高工作水平。

（三）不屈不挠、坚韧不拔的意志

印制人员要拥有良好心理素质，必须具有不屈不挠坚韧不拔的意志。因为，要出色地完成印制管理工作，要开拓、创新，肯定会遇到各种阻力及挫折，甚至失败，拥有这种不屈不挠的意志，才能经得起各种考验。

五、身体素质

毛泽东同志说过“身体是革命的本钱”。没有良好的身体素质，就难以胜任一切工作，对印制人员来说的确如此。由于印制人员既要做好内部管理工作，又要经常地下到各印刷厂进行监控。这就要求印制人员要有过人的身体素质，以满足繁重的工作之需。

（一）张弛有度，劳逸结合

由于印制工作的地位，决定了它终日忙忙碌碌，特别是碰上书市、书展、订货会等，更是忙得不可开交。为了更好地完成工作任务，使其能精神饱满地投入工作，印制人员应学会张弛有度、劳逸结合的工作方式，注意休息好了，才能迅速恢复体能、精力，去应付新的挑战。

（二）加强锻炼，提升体质

清华大学曾对学生提出“为党工作50年”的口号，如果没有良好的身体素质作为基础，那么这是难以做到的。印制人员要想持续地将印制管理工作做好，并将身体素质保持在良好状态，必须加强体育锻炼，使身体素质能有效地提升，这样，才不至于把“本钱”耗尽。提升了身体素质，才能持续地胜任本职工作。

（三）防微杜渐，及时治疗

面对着繁重的印制工作，为了能及时出书，具有高度责任感的印制人员都会忘我投入，而对身体的一些微小变化及“警讯”，却毫无觉察，以至酿出大祸。印制人员要保持好的身体素质，在劳逸结合、加强锻炼的前提下，应重视自身身体的变化，对小毛病也应及时治疗，防微杜渐，这才是爱护身体、保持身体素质的最好途径。

江泽民总书记在党的十五大报告中明确指出，“我国现代化建设的进程，在很大程度上取决于国民素质的提高和人才资源的开发。”我们强调印制人员所具备素质的同时，应该客观地看到，提高印制人员素质也刻不容缓。据出版署抽样统计，出版社编辑、出版、发行队伍中，本科以上学历的分别占68.8%、16.9%、19.6%，出版印制管理人员的学历是属于偏低的。因此，我们在强调印制人员要具备各种基本素质的同时，着力提高出版社印制人员的知识素质，使出版社内各环节都拥有高素质人才，这样出版社才能在激烈的市场竞争中产生良好的社会效益和经济效益。

完成时间：2001 年 10 月
发表载体：《中山大学学报论丛》第五期

提高图书印刷质量的几种办法

图书质量的好坏，特别是印刷质量的好坏，将直接影响作者、编辑、装帧设计等其意图的实现。要提高图书的印刷质量，需注意以下几个方面：

一、不同印件选择不同纸张

纸张是印刷的基础，不同的纸张有不同的属性。只有根据印件所需，合理选择纸张，才能保证印刷质量的上乘。一本网点图较多的书稿，宜选用胶版纸、铜版纸，甚至选用进口的、80 克以上的纸，以保证图书中的图像部分能完美再现。对一般文字书稿，也宜采用 55 克以上的白度相宜，双面光洁、施胶度、均匀度较好的书写纸。这样选用纸，一方面从外观上能保证质量，为印刷创造良好的条件；另一方面，也为提高装订质量打下基础。

二、选择印刷厂承印图书

选择不同的印刷厂，将决定图书的质量效果。出版社方面应该经常考察、了解承印厂的质量，筛选工厂，并要求印刷厂自觉地将印刷质量放在首位。其次要考虑到印刷厂的生产与工艺特点。如彩印厂对画册类及插图较多的图书比较胜任；新华系统的印刷厂则对黑白书刊的生产能力较强。需要我们在选择印刷厂时细心分析，选择与付印图书质量要求相当的工厂印刷。

三、合理选择印刷设备

印刷机械由于产地、出厂年份不同、使用时间不同、操作者不同，其质量效果也不同。在付印前要根据质量要求选择相应的机型印刷，如彩色精细产品用四开四色机印刷与对开四色机印刷，其效果截然不同；即使是内文的黑白印刷，也应以对开单色机为主印刷；条件允许的情况下，选择近期性能良好的机器或更换橡皮布的单机完成全书印刷，确保全书墨色一致。同时，对墨色、墨量也应注意。

四、合理选择装订工艺

装订作为印刷的后工序，其质量的好坏，将直接影响全书的质量。合理选择装订形式和装订设备既能最大限度发挥设备的功效，又能节约成本，保证印刷质量的最优。如热溶胶订机中，国产的直式与圆盘式胶订机，其质量完全不同；同样是胶订，书脊的上胶度，平整度都不一样。另外，圆脊精装书应以机械操作为主，手工操作无法满足其质量要求，而且质量不统一。故圆脊精装原则上应选择有精装联动生产线的厂家制作为主。此外，图书裁切也要重视，对较厚的图书应以单本裁切为主，以减少误差。

五、加大印制人员的监控力度

要确保图书的印制质量，须加大印制人员的监控力度。必须建立一支稳定的、具有较高技术水平的印制队伍，要加强对薄弱环节监控，及时提醒工厂注意某个环节，减少出差错，同时统筹安排工艺、材料。印制人员应对印制全工序及材料进行统一设计，付印后，促使图书的印刷质量达到预先设计的效果。

要确保图书的印刷质量，并且确保大部分图书的质量，并不是在不考虑印刷成本的前提下进行，应该在质量、周期、成本三者之间寻找一种最佳组合，这样才能做到事半功倍的效果。

完成时间：2001 年 3 月

发表载体：《出版与印刷》第一期

行政管理人员应树立经营意识

笔者因工作关系，经常听到一些地方出版社办公室行政管理人员受到社内其他部门人员的质询。围绕着办公室及行政管理人员“究竟干了些什么工作”作为质疑点，也听到一些议论。部分出版社将无创收指标的行政办公室列入出版社内部分配的底线或分配基数，使日常超负荷运作的行政管理人员无法得到应有的地位和报酬。由此可见，尚有相当部分出版社的行政管理人员地位不高，甚至受到冷遇，这与“行政管理学”这门年轻学科的基本理念是背道而驰的，与完善和提高出版社的管理体制是不相称的。

行政是指国家政务的管理活动，是为人们所共同接受的。出版社的行政管理部门——办公室，是对社公共事务进行有效管理的重要部门，如果我们的行政管理部门处于这种相互指责与不信任的行政环境之中，就很难发挥这个行政组织的作用，更无从谈论提高行政效率和行政管理技术手段。

要改变这种行政管理环境，我觉得应该从端正意识人手，树立强烈的经营意识，积极参与出版社经营管理，尝试图书市场中的甜、酸、苦、辣，投身于出版社图书策划、编辑、设计、生产、宣传、销售等等众多环节中去，改善行政与社内各个部门的关系，积极参与他们的活动，了解各部门、各环节的工作特点及基本规律，理解各环节的苦衷。通过沟通，改变行政管理可有可无、行政管理在出版社中地位低下的错误认识。

一、从宏观切入、树立经营意识

（一）行政办公室及行政管理人员应积极参与出版社经营活动

出版社行政办公室的工作范围，大到人事管理、劳资管理、职称评审材料的组织、全社固定资产管理；小至劳保用品、生活用品、文具发放等等。在社内除了书稿流通之外的所有事，几乎都与行政办公室有密切联系，行政管理工作相当纷繁复杂。我们必须改变这种与书稿流通无关的局面，以积极态度参与图书的生产和经营。如注意市场动态、信息、参与图书选题研讨、了解图书印刷工艺，以鉴定图书的印制质量。大学社办公室行政管理人员学历均不低，有能力应当参与个别图书的校对工作甚至编辑工作，以了解图书编辑体例、排版规则等，彻底摒弃“门外汉”的形象。由于行政管理人员本身具备“多面手”的特性，介入图书编辑、生产、经营，应不是一件难事。

（二）积极参与图书及书展的宣传活动

目前，大部分出版社对图书宣传工作做得很不到位，大学出版社尤其如此，这正是行政管理人员切入、参与的好机会。积极地以多方位的、制度化的、经常参与图书宣传活动，对于大型书展及订货会，我们更应大显身手，改变“守株待兔”的宣传、经营方式。近年来，图书的宣传、销售已扩展到网络上，网页的制作及持续性的更新网页上的图书宣传信息，已是目前出版界较新颖及有效的宣传方式，作为与现代办公设备、信息有密切联系的行政管理人员，更应适应、运用这种资信，为出版社图书经营服务。这样，无论是编辑、作者，还是发行人员，就会对你刮目相看。要做到及时、全面地宣传本社图书，就必须紧扣本社图书生产情况，参与图书经营。

（三）利用自身优势，介入经营管理活动之中

人力资源管理是社办公室及行政管理人员的工作范围，大部分大学社均有这样的特点，每年学校均要布置年度考核，而每年的考核标准均与工作量密切联系，“德、能、勤、绩”均不可缺。我们学校的考核内容中对数量指标是非常明确的。出版社的年度考核中，数量指标更不能缺，也就是说人力资源管理中本身已蕴含着量化指标，对出版社而言，具体的量化指

标、均来自每本书的生产、销售过程，也即图书的经营过程，办公室要协助社领导考核每个人员，就必须义不容辞要介入到经营管理中去。

二、从微观着手，强化本职工作经营性

（一）树立有经营意识的服务观念

目前，在我们国家新闻出版行业处于保护状态的情况下，大部分的出版社由于尚有较高利润率，还未意识到降低成本、减少费用的重要性，更未将“管理成本”的概念引入到行政管理之中。从财务管理的角度来讲，收入、费用、利润，构成每个企业基本的财务素材，也是会计要素。费用高则利润低、要提高利润则降低费用。无意识地加大行政管理成本费用，只能导致出版社利润低下；有意识的节省开支，将会有利于出版走出困境，实现良性循环。行政管理部门是为全社服务的，行政管理人员更应从树立经营意识人手，在充分发挥服务功能的同时，切记以大局利益为重，降低行政管理成本，减少办公费用。如同样是涂改液，不同牌子具有不同的价格；目前市场上五花八门的签字笔，如何采购则大有学问。据报载，日本目前很多大公司的行政办公用品须反复多次使用，如办公纸张，得用不同色笔写字后才丢弃，这充分反映这些企业具有强烈成本意识和经营意识。

（二）强化日常行政管理工作中的经营意识

由于行政办公室工作范围的广泛性，导致目前许多出版社许多项目的开支，在财务记账上都往办公室“户头”上“塞”，年终一结算，管理费中出现了行政办公费比上年增长了多少多少。我们应该改变这种盲目的、粗放型的行政管理模式，取而代之，紧跟时代潮流，强化经营意识，将行政办公室工作能给予经济核算的，一律核算，如复印、传真、文具等等，将各科室的开支建账记录，把本不应“挂”在行政办公室头上的费用，相应记在受惠者账上。这样，一方面强化行政

办公室经营意识，减少费用开支；另一方面迫使有利润指标的科室真实反映其成本，从而减轻出版社负担。“斤斤计较”的行政管理行为，会因为大量工作简化、工作量的减少，而使我们有从容的时间介入到图书经营中去。

（三）发挥自身优势，为出版社创利

行政管理人员通过强化经营意识，充分调查、严谨核算，完全有可能通过发挥自身优势，从而为出版社创利。我校设备处，原本只是一个行政部门，几年前他们通过将复印业务开放对外营业，经过多年经营，目前已发展到具有速印机、装订机等设备，酷似小型印刷厂了。在学校这种环境里，平常的复印量、每年的毕业论文制作、毕业生推荐表等均有很大的市场。如果我们瞄准这个市场，灵活经营，是完全有可能为出版社创利的。

综上所述，行政管理人员在做好本职工作的同时，通过树立、强化经营意识，努力投身到出版社图书的生产经营中去，打破传统的观念和约束，行政管理人员的地位就必定会提高。

完成时间：2001 年 3 月

发表载体：第二届大学出版社办公室暨现代管理研讨会

大学出版社办公室功能的重新认识

大学出版社办公室，既是社内的行政机构，又是社委领导的综合管理部门，发挥着沟通上下、联系左右、连接社内外的作用，是保证出版社各项工作正常运作的主要枢纽，是出版社整体构成不可缺少的组成部分。

在很长的一段时间里，大学出版社的办公室主要负责公文处理、会议组织、信息处理、印章管理、文书档案、信访、保密、公关等传统的行政管理工作，这对作为事业单位或出版社作为学校内一机关性质而采取的行政管理方式，无疑是合适的，所以得以采用和延续。但是，上述工作仅仅只是办公室工作的一小部分。在出版社实行企业化管理，甚至出版社作为企业的今天，为了降低自身的管理成本，有效提高图书的竞争力，各出版社都在通过不断的机构调整、重组和科室功能的调配等办法实施内部挖潜，旨在提高经济效益。那么，大学出版社办公室如何在新的行政环境下，顺应改革发展的趋势、潮流，按企业管理的要求，对社办行政管理工作作出完整的理解与诠释并付诸实施呢？重新认识、理解办公室的功能，就显得很有必要。

一、对大学出版社办公室功能的重新认识

办公室的功能，概括而言，一般可分为日常性事务处理、综合协调和辅助决策等三大功能。日常性事务包括公文管理等多方面，在本文开头已叙及。综合协调功能，包括工作任务性的协调、管理事务的协调、领导关系的协调等等。其中工作任务性的协调，要求办公室工作人员通过参与或牵头组织的方式，组织有关部门来完成各项工作或任务；而管理事务的协调，是指办公室或其人员通过联系、沟通、调解、协商等方式，以解决部门之间的矛盾、冲突的一种管理工作。辅助决策

功能，包括领导决策信息的准备，提供方案、承担决策事务，协助实施和检查等。其中的信息准备工作，不但要为社领导提供社外及本行业内外的宏观方面的信息，而且还要求将社内很多的微观方面的经营、管理方面的信息及时反馈给社领导，以利准确决策。在协助实施和检查工作中，办公室更应发挥重要作用，使领导决策得以完整实施。

从这三个功能来看，办公室工作范围应该是完整的，而且，其地位也应该是相当重要的。但在出版行业里，由于在图书生产过程中，已有相应部门承担了具体的工作，再加上我们对社办公室工作的误解，使社办公室的工作，游离于图书生产的编、校、印、发、财等工作之外，甚至与样书、档案管理为伍，似乎是“可有可无”，这显然是不正确的。

二、充分发挥办公室的各项功能

要全面发挥办公室的各项功能，只有在完整理解办公室功能的基础上，通过参与图书的编辑活动、协助社领导收集财务信息及做好宣传工作等方法，才能全面发挥办公室在出版社中的作用。

（一）参与图书的编辑活动

出版社主要以经营图书为主，这是众所周知的。社内所有部门、人员的经营活动，均应围绕着图书的策划、组稿、编辑、校对、设计、印制、发行等环节进行，办公室人员也应包括在这个范畴里。在完成一般性工作事务的基础上，在不影响对出版社的基本运作保障的情况下，应积极投身到编、印、发的图书生产中去。宏观上讲可以参与选题的策划、论证等工作。具体地说，可以参与某些图书的编辑、校对的工作。通过参加这些工作，可以了解出版运作，理解编、校人员的工作压力和苦衷，减少部门之间的距离，这也有利于办公室协调功能的发挥。

（二）协助社领导做好财务管理工作

辅助决策工作，是办公室工作中的一项很重要的工作。在出版社里，社办的辅助决策工作表现在许多方面。宏观的表现为出版社的发展计划、出版社重大投资辅助等信息的获取等等；微观方面可以表现为具体的工作，如财务管理，通过协助社领导做好财务管理工作，可以从中获取大量的信息，这些与出版社经营活动有着密切联系的信息，对办公室辅助决策功能的发挥，都起着非常重要的作用。

(1) 建立出版社直接成本与间接成本登记考核制度。为了配合社领导对全社各部门进行准确、全面的核算，在日常工作中，将各种费用分类，分别按间接成本、直接成本分项记录和分部门记录统计，这是给社领导加强内部管理和决策提供依据。并在半年及年终时，按科室、人员分列，将工资、办公开支、接待费、电话费等等各种项目实际开支详细列出并合计造表，通过数据分析，将各科室及部门的运作成本及时，准确地反映出来。这个登记、统计的过程，就是信息的积累和储存的过程。

(2) 参与图书利润结算工作。图书的结算工作，是关系出版社效益及员工个人的效益问题。它既要以财务为中心进行结算，又要联系编辑部、出版部、总编办、储运等部门，要协调好这些部门和人员，准确、全面进行核算，最好莫过于发挥办公室的协调功能，由办公室按社领导精神去调整进度、安排人员等，使这项工作能更及时、准确地完成。

(3) 参与图书报废工作。图书的报废工作，应该作为图书生产流通后的最后一道工序，加以规范。按《电影、新闻出版企业财务制度》的规定，出版社必须实行分年核价、提取提成差价，以用于图书报废准备。目前，出版社图书库存普遍过大，在出版社财力允许的情况下，逐渐报废已成事实。在大学里的出版社，要办理图书报废手续，与地方出版社还有不同的程序。通常是在主管校领导审批，需经校财务、国资办等通过后，再报送校财经领导小组审批，通过后才能报国家税务部门审批，手续繁琐，大量的文书须起草、修改，而这些文书的报批又是办公室的强项。发挥办公室社内管理事务的协调和辅助决策等功能，完成规范化的图书报废工作应不是一件难事。

（三）做好本社的宣传工作

从公共关系的角度上讲，办公室人员的言谈举止，以及礼节礼貌等，都对本社的宣传起很大作用，同时，办公室是出版社的一个窗口，这都反映了办公室的宣传作用。这些相信大家都能理解，但在新的环境下，资信日益发达，互联网缩短了信息交换、传递速度的今天，我们更应充分发挥办公室的作用，利用这些新的传媒和手段，加强对出版社形象、出版信息的宣传，减少社内人员对办公室人员不必要的误解，缩小与社内生产一线的部门、人员的差距，置身于出版社经营管理的前沿，及时将本社出版动态、出版信息，通过有关渠道进行宣传。另外，从辅助决策这个角度上考虑，也可通过搞好宣传工作的同时，收集大量各种各样的信息，以供社领导决策。

（1）及时更新网页资料，主动做好宣传工作。随着办公自动化程度日益普及、办公室网上传递办公信息也越来越频繁，这对办公室做好宣传工作创下有利条件。目前大部分出版社都有自己的网址、网页，有的是独立的，有的是挂在校园网上的，但是，能经常性的更新资料的不多。由于办公室人员对电脑操控的熟练程度较高，使得办公室完成这项工作得心应手，只要加强与出版部、总编办的协调、联系，便可以及时更新网页上的资料、信息。

（2）及时在高校教材网上发布本社图书出版信息。高校教材网是沟通各出版社与各大专院校的有效途径，也是同行了解信息的重要渠道，对本版图书的发行工作影响非常之大，因此，及时做好高校教材网的资料上网、资料查询、回复等工作，对本版图书的宣传、发行工作有直接影响作用。办公室在这方面是可以有所作为的。只要与出版、发行、总编办及时沟通，完全可以及时发布信息，这也是沟通、协调办公室与各部门关系以及完成辅助功能的有效途径。

（3）积极采取措施，通过多种媒体做好宣传工作。目前出版行业中，图书的宣传手法是不多的，远不如其他商品的宣传手法多；宣传费用的投入也少得可怜，形式与渠道也只是简单的通过图书商报、新书信息及写个豆腐块大小的书名定价而已，对图书的宣传起不了很大的作用。出版社要做好宣传工作，应当由社办公室牵头，建立一支较强的宣传队伍，经常地对本社图书进行发掘，通过多种形式和多种媒体、建立立体形的有效的宣传体系，把常规宣传与重点宣传结合起来，文字宣传与图书实物宣传结合起来，把普及宣传与重点宣传结合起来，把传统宣传办法与现代宣传结合起来，把固定宣传与灵活宣传结合起来，这样就能把出版社宣传工作搞活，而出版社办公室要做好此项工作，必须加强与各科室的联系、沟通和协调才能有利于工作的开展。

综上所述，在新的行政环境下，要充分发挥出版社办公室的作用，就必须对办公室的职能和范围、性质等作出准确、全面的理解与认识，不可单独认识和强调某一方面而忽略了其他方面，片面的理解与认识，只能使我们的办公室工作处于被动状态。办公室的三大功能中，日常性事务处理是非常基础性的工作，是办公室实施另外两大功能的前提条件；综合协调与辅助决策功能的发挥，则是在溶入与贯穿于日常性事务工作之中，并在此基础上进行升华，成为社领导的助手与参谋。

小平同志说过："发展才是硬道理。"环境的改变，工作范围的扩大，相应要求人力资源的素质要同步提高。由于办公室功能的全面发挥，使其人员素质不但要熟悉行政管理的基本知识技能，而且还要对图书生产的全过程都需了解和掌握，还应学习出版社法规和财务知识等，才能胜任本职工作。相信通过广大行政管理人员的努力，大学出版社办公室将会更好地为出版事业服务。

完成时间：2003 年 9 月

发表载体：第三届全国大学出版社办公室工作研讨会

被领导者的信用问题刍议

诚信乃做人之本，这是中华民族的优良传统之一。如果一个人在社会中生存而不讲诚信，则会被淘汰、唾弃。领导与被领导，在社会组织的活动中，只是一种互动过程，这个互动过程是建立在双方对权威的认同基础之上，以及在法定的行政组织内部。没有这个限制条件，就无从说什么被领导的关系，更无从谈什么信用问题。因此，被领导的信用是指在行政组织内，由两个人（或组织）以上构成的，在行政事务过程中下属人员或组织机构的确信度。被领导的信用，通常表现在领导者行使领导权的过程当中，也表现在被领导者在执行命令的过程中。被领导者的信用，在领导活动中占据重要地位，这种地位表现在：被领导者的信用影响着领导活动，甚至决定着领导活动的成败。为此，领导活动中，领导者对被领导者的信用就必须有较严格的要求。

一、领导活动对被领导者信用的要求

领导活动是指领导者在一定的环境下，为实现既定的目标，对被领导者进行统御和指引的行为过程。在这个过程中，领导者要对组织内部的人员实施计划、指挥、控制和调整，还要对各种信息进行收集加工整理、修正决策方案等。因此，对被领导者的信用要求，体现在下述几方面：

（一）既诚实又有工作能力

由于领导活动都必须在一个组织内发生，不管是哪一个层级的领导，都有特定的目标、方案、措施等，都要完成特定的任务。因此，对被领导者的信用来讲，首先必须具备的条件是：诚实而又有工作能力。诚实是人品，一个再有工作能力的人，如果是不诚实的，领导者切不可用；如果没有任何的工作能力，再诚实的人，领导也不会用，即使是使用也只能干一些不着边际无关紧要的事情。比如某电信部门就有这样的例子：一个诚实而能力不高的人，只能被领导安排搞搞卫生拔拔草什么的，这大概也算量才用人了吧。因此，要有较强的被领导的信用，首先应既诚实又有工作能力。

（二）执行性强，保密度高

首先，作为领导者，要完成既定的目标，总是希望下属不折不挠地执行其下达的命令，如果做不到令行禁止，就无法体现出领导权威，目标就无法实现，也就无法体现出被领导者的信用。因此，作为被领导者，必须具备对领导命令高度的执行性，才能具有良好被领导的信用。

其次，被领导者应具备良好的保密意识。这里所讲的保密性，一方面是指对工作中碰到的问题及完成情况效果的保密；另一方面是指对领导者在领导过程中出现的个人失误等等方面的保密。如果没有上述两点，被领导者也难以谈得上信用，试想一下，如果领导在决策过程中的一些失误，被下属当作把柄到处乱讲，这对领导者信用，又如何呢？

（三）业务熟悉，群众基础好

现实中，领导活动总是与方方面面的业务、技术结合起来的，没有脱离实际的空洞的领导活动，也没有真空的被领导状态。因为行政管理的原理告诉我们，“因事设人”，无事就无从用人，就无从领导。被领导者如果不熟悉本职业务工作，就难以完成领导交给的工作任务，也就无信用可言了。此外，由于领导与被领导只是一个相对的概念，从中央到地方整个科层制的行政组织系统来看，某一个环节都只是相对的领导者和被领导者。所以，被领导者要想完成任务，取得良好的信用，自己手下也必须要有一群素质过硬的骨干，这样才能取信于上级。

二、被领导者信用对领导活动的影响

由于领导与被领导是一个互动过程，被领导者信用的好坏，也会反作用于领导活动，这些反作用表现在对领导决策的效果、信息的反馈及决策的修正之中。

（一）延误领导决策时机

被领导者信用不强，直接表现在无法完成上级领导交给的任务。也可以说领导对将任务交给这样的下属无把握，担心决策无法实现。对这种状况，领导者通常的做法是通过各种渠道，另择他人，以达到目标的实现。在现实的社会当中，这种情况表现为上级领导有好的方案、目标、规划，但由于没有合适的人选或称下属人员去完成这项任务，就暂时搁置。这在经营上就会出现延误商机，造成经济效益不佳；在管理上则表现为延误决策的时机，甚至错过时机，造成管理效果不佳。

（二）影响领导决策的效果

俗话说，“强将手下无弱兵”，一个好的领导必须选择配备确信度高、工作能力强的下属人员，这样才能确保命令畅通无阻，有效地实现目标。如果被领导者信用不高，那么就会导致领导决策、命令大打折扣，直接影响领导决策的效果。比如说，我国长江三峡水利工程，如果施工单位领导信用度不高，没有严格按技术设计质量要求完成工程，那么，对整个工程的质量就难以保障，直接影响上级领导当时的论证和决策效果。因此说，被领导者的信用直接影响领导决策的效果。

（三）影响决策信息的反馈

科学的决策方法和程序，决定了在方案实施过程中，不断地要对决策进行追踪，以控制全局情况。这就决定了在实现目标的过程中，不断地要收集反馈资料、信息。这些信息的来源，必须依靠被领导者在实现领导意图的过程当中收集、反馈；如果被领导者信用不高，不及时反馈信息，那么领导者的信息掌握则无法正确、准确，甚至会作出错误的判断。前段时间，我国的“神舟五号”载人飞船成功地飞越太空，在这次成功的壮举之前，我国进行了多次的试飞试验，在试验过程中，要求各个下属部门通力合作，不断收集、反馈各种数据、信息，不断改良技术，使主管领导在掌握大量准确的数据、信息基础上，作出正确的及时的决策，一跃成为太空强国。所以说，被领导者的信息反馈，决定着组织目标的成败。

（四）影响决策的修正

现代领导科学，要求领导者的决策必须实行科学决策。科学决策就是运用科学理论和健全的科学程序，运用现代科学的决策方法进行决策的活动。而决策的修正是科学决策的必不可少的一个环节，如果被领导者失去信用，不反馈信息或反馈信息不准确，那么，就会导致领导对决策的修正作出错误的决定。前段时间，某单位的销售部门，由于对销售的统计工作不扎实，导致销售统计不准确，虚增了600多万产值，这一错误的信息反馈直接导致领导在对几个部门调整指标时，作出了错误的决策。这足以说明被领导者的信用，对于领导活动的影响是何等的重要。

简而言之，领导与被领导是一个相对的互动过程，这个互动过程是建立在相互信任的基础之上的。一方面，被领导者的信用，直接影响着领导的决策实施和决策修正。因此，被领导信用是基础，没有这个基础，就无法实现领导决策意图，就无法实现组织的目标。另一方面，被领导者的信用反作用于领导者，左右着领导者的决策。因此，为了目标的实现、决策的贯彻执行，领导者与被领导者应建立一种良好的信用关系。

三、被领导者的信用体现

被领导者的信用情况，可以通过日常工作当中反映出来。最直接的，莫过于看看领导将重要的、关键性的工作任务交给什么部门、什么人去处理。当然，这是建立在领导对被领导者的了解程度上。如果领导者要了解被领导者的信用，可通过查阅档案与向群众了解相结合的办法，再考察其以往表现便可掌握。被领导者的信用，通过下述几方面可以体现出来。

（一）被领导者的工作能力

被领导者要具备良好的信用，首先是要具有良好的工作能力，如果没有良好的工作能力，也无法体现他具有良好的信用。组织目标的实现，必须依靠组织成员的通力合作，即通过被领导者的努力工作，才能实现。要具备良好的工作能力，必须要有扎实的文化基础知识和专业知识，既要有本职工作的丰富经验，又要对本职工作有理论探讨。因此说，良好的信用是建立在被领导者对本职工作有良好的理解、掌握及操控上。被领导者的工作能力是被领导者信用的基本条件。

（二）被领导者一贯的工作作风

作为被领导者，其一贯工作作风如何，这也是构成其信用的因素。如果一个被领导者，一向是品德端正、作风正派、严谨、无不良行为、业绩显著，那么，可以认定该被领导者信用度较好，反之则然。近日，报纸报道了原广州市市委常委、宣传部长黎元江从红色报人变成黑色囚徒的案件，从材料上可以看出，在其任广州日报社社长其间，由于他的工作作风独断、霸道、只手遮天，自持对广州日报有贡献，苦心编织自己的关系网，建立独立王国；生活作风糜烂，索贿受贿严重，违反财务纪律，挪用公款严重，如此作风怎么能取信于上级领导呢?成为囚徒是很自然的事。所以说，被领导者的工作作风，也是体现其信用的重要因素。

（三）被领导者下级群众的反映

被领导者信用如何，通过对其下属群众的了解便可以知道，“群众的眼睛是雪亮的”。一个领导者的信用，通过他在日常工作当中，从每一项工作、每一个决策、对每一件事情的处理上就可以反映出来，特别是对其向群众的承诺兑现程度，足以反映其信用如何。前面说的黎元江事件，就是上级领导收到一封署名“老职工”的材料而反映出来的。

四、被领导的信用能力构成及强弱

被领导者的信用能力构成，与被领导者的素质修养有着密切的关系。素质修养是被领导者的思想品德、道德规范、文化知识、心理素质以及思维方式在行动中的具体表现。因此，通过提高被领导者的素质修养，就能有效地实施领导职能，就能加强对下属的影响力并提高工作水平，从而强化信用度。被领导者的信用能力由创新能力和综合能力两大部分构成。

（一）创新能力

被领导者一般都是具体工作的组织者或参与者，随时随地面临的决策都是不断变化的新情况，任何事情如果没有创新也就没有了生命力。被领导者更要在工作或执行上级决策时，充分发挥创新能力，这样才能创造性地完成任务，收到事半功倍的效果。没有可持续性的创新能力，就没有可持续性的信用度，因为创新能力是随着被领导者的经验积累、阅历丰富而提高的、持续的。被领导者要提高信用能力，可以通过提高自己的洞察力、预见力、决断力、推动力、应变力、反应力等能力，使自己的素质得到提高，从而提升信用能力。

（二）综合能力

如果说创新能力是领导者和被领导者在处理问题过程中，体现出来的素质修养，那么综合能力则是领导者和被领导者全方位综合素质体现。因为综合能力要求在信息的获取、知识的综合运用、上下级利益、个人集体利益的整合、组织协调等方面都必须面面俱到。因此，综合能力是被领导者信用能力构成必不可少的能力之一。

要了解被领导者的信用能力的强弱，可以从纵向比较、横向比较、对外了解等方面进行。首先，纵向比较。所谓纵向比较，一是将此岗位、职位的人员前后工作能力、效果作一比较，直接对效果、效率、效能的比较便知其强弱。二是对被领导者本人前后的比较、上岗前后的比较也可看出其信用能力的好坏。其次，是横向比较。所谓横向比较是与其他人员、其他岗位甚至是其他部门、其他单位作比较，这样也可检查其信用能力的强弱。再次，是通过对外单位和业务联系单位、部门的咨询，了解被领导者外在信用能力，就能充分说明问题。

五、被领导的信用行为和信用关系的类型

从领导者与被领导者的信用行为和关系来看，它的类型可分为完全信赖型、相对信赖型、一般信赖型、不信赖型等类型。

（一）完全信赖型

领导者对被领导者完全信任，不管小事、大事、重要之事。均能毫不犹豫地向下级下达，而被领导者亦能按要求完成任务。从正的方面讲，能达到这种类型的领导与被领导行为者，已经不是一日之功，通常是久经考验、彼此完全信任，配合默契。这也是共事的最好组合，通常做到这点，上级与下级、领导与被领导双方均不会发生摩擦。从反的方面上讲，现在很多单位、企业里还有很多不正之风，上下级之间、领导与被领导之间，选人用人之时，讲究的是“四铁”，什么“一起上过山、一起下过乡、一起当过兵、一起分过赃”，细想之下，这也是用另外一种观念将其拴在一起了。

（二）相对信赖型

相对信赖型通常表现在上级领导下达任务时，对若干位下级领导作比较后作出选择，由于没有更合适的人选，只能使用

相对信赖一点的人。另一方面是由于完全信赖型的人无法完成这一特殊任务时，领导将会启用这类被领导者。

（三）一般信赖型

在领导行为过程中，属于一般信赖型的被领导者的群体是大多数，这部分群体有的由于暂时没有机会被领导发现和发掘出来，有的正在不断提升自己能力、学识，有的正在积累本职工作所需的经验，他们并非无能力，只是暂时未被启用而已。

（四）不信赖型

属于这一类型的被领导者，有的是工作能力有限的，有的可能有过过失，有的可能与领导有过节，有的可能是前任领导的心腹，但凡此类，一般不被重用，但迫于体制所限，又难以处理。

被领导的信用类型及关系是可以互相转换的。首先，这些类型和关系只能是处于一种相对的、临时的状态，当领导与被领导互动的双方有一方变动后，这种关系随之消失。其次，完全信赖型、一般信赖型、相对信赖型、不信赖型等四种关系也只是一种相对状态，在一定条件下，四者可以发生变化，互相转换的。

六、影响领导者与被领导者信用的因素

领导活动中影响领导者与被领导者信用关系的原因有很多，归纳起来主要有个人素养、领导者的工作方式方法、现行规章制度等主要原因。

（一）个人素养

首先，应该是领导者的素养问题，因为领导者的素质是有效实施领导职能的重要保证，在领导与被领导者的互动关系中，领导是占主导地位的。加强领导修养是建立良好信任关系的基础，只有加强了个人的道德素养、文化素养，才能提高信

用度。

其次，是被领导者的能力修养。被领导者的创新能力和综合能力不强，就无法实施领导意图，无法实现行政组织的目标，就说不上信任，因为一切组织的存在，都必须以实现某个目标为前提的。要提高能力修养，应在加强学习、不断接受新知识、新信息的基础上，将自己置身于组织中的第一线，熟悉本职工作，及时掌握各种信息，不断提高对各种复杂问题的处置能力，这样，才能提升能力修养。

（二）领导者的工作方式方法

领导者，是为实现既定的目标对被领导者的行为过程进行统御和指引。领和导都对下属的行为起指挥、调控和协调作用。这就需要领导者有较好的工作方式方法，这样才能使被领导者目标一致，步调一致。要做到这点，应遵循实事求是，虚心向群众学习的原则，适用强制、激励、说服、示范等方式，通过有效的合理授权、知人善任、统筹安排等领导艺术手段，使组织人心凝聚，工作效率优化，从而深受上级领导的信赖。如果一个领导者朝令夕改、模棱两可、犹豫不决，不但会延误时机，还会使被领导者产生怀疑，进而对领导失去信任。

（三）规章制度

这里所指的规章制度，着重指的是对工作效能、效果方面的考核制度，以及正确的公平的用人原则、方法。作为被领导者，总是希望能有制度性的硬性指标，能直接考核、检查自己完成上级下达任务的效果，从而肯定自己的业绩，而不是以人为的方式去检查效果，因为每个人的尺度不一样，难免产生标准的不一致，最终导致不同意见而影响上、下级的信任关系。

七、规范领导与被领导信用行为的办法

领导与被领导的信用问题，应作为人力资源管理一个重要组成部分，加以规范管理并对其进行考核考察，建立相应的信

用档案，这是加强干部队伍建设的一条有效途径。为此，通过提高领导的素质修养，建立良好的领导体制、制定正确的用人原则与制度、加强组织监督等办法，也可规范这种行为。

第一，提高领导者的素质修养。素质修养可以促进领导者自我完善，是提高领导影响力和提高领导艺术水平的有效途径。通过提高领导者的素养，使其在与被领导者的互动过程中，树立端正的领导作风，从而促使被领导者通过提高自身能力，进而提高信用。提高领导者的素质，对改善下属的行政环境也会有很大的帮助。

第二，建立良好的领导体制。科学的领导体制是领导活动正常进行的组织保证，是提高整体领导效能的重要因素，是规范领导行为的根本机制。只有创建科学的、良好的领导体制，才能在此基础上建立良好的领导与被领导的信用行为和关系，创建出良好的行政环境，实现领导目标和组织目标。

第三，制定正确的用人原则与制度。正确的用人原则，应该是在建立公平制度的环境之下，因事设人、量才任职，各尽所能，用养并重。建立相应的考核制度与奖惩制度，注意检查、落实回避制度。这些制度与正确使用人和创建良好的环境是有很大帮助的。

第四，加强组织监督。要建立良好的领导与被领导信用行为，除了上述三点以外，应加强组织监督力度，除了正常的考核制度，最有效的途径是建立干部信用档案，促使领导者与被领导者注重个人的信用程度，这样就能避免不良的信用关系的产生，为建立良好的行政环境创造公平的条件。

综上所述，领导与被领导者的信用问题，是关系到行政任务的完成问题，是关系到行政组织的目标能否实现的问题，甚至关系到党和国家生死存亡的问题。在新的历史时期，应该制定、完善我国的用人制度和监督制度，从而规范领导与被领导的信用行为，杜绝基层单位领导一手遮天，避免“重用遛须拍马的、提拔指鹿为马的、累死了做牛做马的”现象出现，净化行政环境，增强组织内聚力，这样才能使我们的事业更加繁荣。

完成时间：2004 年 4 月

发表载体：《思想战线》增刊

当前大学出版社人力资源管理的应对策略

随着我国人事体制改革的深入进行，大学出版社的改革问题也纳入到日程上来了。加上出版行业市场化程度的提高，市场竞争的压力也普遍增大。这就使得大学出版社出现人才流失，现有人力资源严重不足的现象。主要表现在：一方面由于出版业面临着“质”的转变，大学出版社内的人才，特别是高素质的人才，从个人角度和长远利益考虑，积极寻找门路调回校内院系和机关工作，以求确保备受尊敬的学者身份不至变为企业的职工。另一方面是原有一部分人才，特别是编辑人员，承受不了高利润指标、高选题策划指标，转而投奔它处去了。再一方面是学校的人事政策，为了强化教学第一线教师队伍建设，在提高学历门槛，确保第一线人员引进的同时，却减少校内其他部门人员的引进。学校目前的人事政策，直接导致大学出版社人力资源管理“源头”衰竭。上述几方面因素，已造成大学出版社目前在人力资源管理方面的困境和潜伏着危机，要解决目前的困局，应从以下几方面入手。

一、改变用人的观念

大学出版社的人事管理，大部分是依靠学校人事部门。由于编制归口学校，所以一切由学校人事部门包办。能进或能留新人就用新人，不能进则从学校内教师或机关岗位上转调过来。这样一来，转过来的人，专业基本不对口，更谈不上熟悉业务。因此，必须花上一段时间去学习出版专业知识，或边学边干。这种仅限于人事管理而非人力资源管理的做法，已远远不能适应当今形势的需要。另外，只进不出，从一而终的用人观念，也无法有效改善出版社的人力资源。为此，我们应建立新的人才观念，树立转变人才个体开发的观念，确立人才资源整体开发的思想；转变只重编辑人才的传统观念，确立各个岗位都需要人才，人人都可以成才的与“大出版”相对应的大人才思想；转变主要靠“伯乐选马”的观念，确立靠制度造人，靠程序造人的思想；转变平均主义观念，确立重点倾斜的思想；转变论资排辈的观念，确立及时用人思想；转变“求全责备”的观念，确立使用人才重在扬长避短，人得其所的思想；转变“又要马儿好，又要马儿不吃草”的观念，特别是转变“正式”员工与“临时”员工的观念，树立一视同仁的观念，设立同等的薪酬制度，让人才有一个宽松的工作环境。比如笔者所在的出版社，过节费、劳动保护用品发放一律平等，社长与合同工的都一样，连仅有的两周暑假休假，只要合同工来社工作半年以上，都可享受，这样一来使得全社上下齐心一致，凝聚力大大增强。只有彻底转变我们的观念，才能实实在在地改变目前的困局。

二、凝聚现有人才

“企业”无人，则成“止业”。我们在强调大学出版社改变人力资源管理观念和改变用人观念的同时，必须尽快以良好的管理制度、合理的经营分配方案、舒畅的人文氛围环境，留住和发挥现有人才的作用，创造一个能让他们发挥才干、施展才华的环境，让他们在不同的岗位上，为出版社高速发展作出奉献。

（一）知人善任，用人所长

“千里之行，始于足下”，要改变大学出版社人力资源的状况，首先要立足用好现有人才。要做到这点，就应知人善任，用人所长，根据每个人的个性、特点，尽量安排在其适合的岗位上，创造宽松的氛围让每一个人都发挥出最大的能量。笔者所在单位，就有这样一个实例。在前几任社长任期内，某位仁兄喜欢玩一下电脑，摆弄一下维修技术，出版社业务技术却不强，甚至上班吊儿郎当。但在现任社长的点拨下，成为社内利用电脑管理档案和选题的能手，并提拔为中层干部，他自行设计一些软件和程序，把图书选题的管理、统计等管理得井然有序，填补了出版社在这方面的不足，所以说在凝聚现有人才的同时，要注意知人善任，用人所长，用足人才。在提倡用人所长的同时，领导还应注意做好调配工作和控制工作，以免人才短处给部门和出版社造成损失。

（二）培训提高，提升人才

目前，许多大学收紧了人才进口关，提高了人才引进标准。笔者所在高校亦然，要求引进上讲台的老师必然达到博士或高级职称，目的是为了培养高素质的学生。对大学出版社而言，虽然追求高学历和高职称人才引进不现实，但要提高出版社的整体审读、判研图书书稿能力却是不争的事实。这些，都有赖于通过培训和提高现有人才的水平和能力去应对。人才质的提高一是靠学历的提高，二是靠实际工作能力的提升去体现。学历提高主要靠自己考取，实际工作能力的提升则可以通过出版社领导在日常工作中的培养、学校对人才集中培训、院系专门高级人才培养、以及人才在工作中的锻炼（如图书订货会、研讨会、年会等），如果有实力，甚至应选送人才到国外培训。如外研社为编英汉大词典专门送人到国外培训几年，使其成为专门辞典工具书编辑能手，等等。通过各种培训，提高现有人才的能力，使其在不同的岗位上发挥作用，这是最便捷的解决“人才荒”的途径。

（三）制定制度，促人成长

大学出版社无论是否转制，都是以企业管理作为其运作机制的。在这种形势下，如何制定合理的制度，有效引导人才，树立经营思想，树立以赢利为目的的经营行为，是促人成长的关键。迅速适应市场变化，制定以利润为导向、以社会效益和获奖层次为辅佐的经营方案，摒弃论资排辈、讲求效益优先，让各方面有特长和有能量的人施展才华，实现个人愿望、实现出版社的“双效益”，从而达到“双赢”的局面。让人才迅速成长，这是出版社目前有效利用现有人力资源的另一个途径。

（四）机会均等，业绩优先

人力、人员能否成为人才，很大程度是看其学历、工作能力、工作业绩和晋升职务、职称，其他因素仅作参考而已。在这些因素中，应以业绩为主要考察因素。因此，大学出版社理应放弃相对平稳的按劳分配制度，实现按绩效分配，从实现绩效的大小来考虑晋升的机会，这样就会促使人们把工作重点放在效益上。比如，某个编辑有较强的策划能力，并连续多年策划了良好的选题，也取得良好的效益，这样的人才，就应让他组建策划队伍，提拔重用。如果不是如此，则会导致人事虚浮，不会重视业绩，进而拖垮出版社。树立绩效优先，是确立出版社在确保社会效益的同时，树立追求企业经济效益最大化的风向标，有效地引导人才有序地竞争的一种办法。

三、重用合同人才

面对目前学校的人力资源管理政策，要较有成效地改变目前使用人才局面，大学出版社应重视和重用由出版社聘用的合同制人才。因为，随着出版业的转制和市场化程度提高，最后合同制人员占了大量的比例，这是可以预见的。所以，我们应采取措施和制定与之相适应的政策，重用合同制人才。

要做到重用合同人才，首先我们应放弃“正式工”的概念。在人事改革的进程中，“正式工”将消失，取而代之的是全员合同制。因此，应一视同仁，只有重视重用合同制人员，才能改变资源枯竭的困境。其次，同工同酬。比如同样是编辑，每万字编辑费应一致、性质相同的岗位工资待遇一样。再次是任用机会平等。对于业绩卓越，能力超群者，应提拔到领导岗位上来。这方面在国内外、其他行业来讲，都相当普遍，在国内杂志出版行业也常见，但在图书出版，特别是大学出版业则是凤毛麟角少之又少，其实随着时间的推移，合同工占上风已成定局，笔者所在出版社到今年，原“正式工”的数量与“合同工”数量之比呈现1∶1，接着将出现倒置。有人预言，不久的将来，社长、总编的职位也将是“合同工”，此话不假。由此可见，出版社应顺应形势的变化，重视合同制员工，使用高素质合同制员工。这样才能彻底改变人力资源危机的问题。

四、构建合理的人力资源考核制度

人力资源考核制度是鉴别员工的能力、激励员工的潜力、发挥员工的聪明才智的一种制度，它通常和薪酬调整的人力资源管理手段相匹配，一般在年底举行。如果没有考核制度，就难以制定检验当年目标的完成情况、下一年度的工作计划，更无从谈新计划的目标分解。所以说，人力资源考核是企业人力资源管理不可缺少的重要环节，也是大学出版社认真对待的一项工作。

（一）编制合理的职务说明书

现行的大学出版社管理办法，鲜有把全社各岗位职务编写说明书的，通常是对各岗位制定职责和目标，其他就忽略了。要提高人力资源管理水平，有效提高员工的工作积极性，明确职务工作目标，就必须通过职务说明书来完成。职务说明书通常包括职务要求、完成目标任务、岗位职责、上、下左右联系部门、直接领导、间接领导，晋升岗位等等。明确的职务说明书，使员工明确努力方向、完成目标，以及联系的部门，有效提高自己的工作效率，明确自己在企业的发展方向。所以，大学社应重视职务说明书的编写工作，为年终考核作铺垫。

（二）明确奖罚方法

职务说明书已明确了职务工作目标和工作指标，对于超额完成任务或没有完成目标定额，都应给予明确的奖和罚。当然，奖、罚只是一种手段，最终的目标是提高企业经济效益。大学出版社在这方面也有“软”的一方面，由于大部分员工，特别是编辑人员，从教师转来以后，一方面顾着面子，另一方面活动圈子在校内，各种关系错综复杂；加之他们尚难完全适应市场经济的社会环境等，使其未能发挥出应有的作用和能量，造成目标未能完成。而出版社总是照顾着，“光打雷不下雨”，久而久之，考核便成虚设。特别是对超额完成目标者，更应给予奖励，而且应根据超额大小，拉开距离地奖励。如果一个出版社既不奖，也不罚，最后还是回到“大锅饭”年代。奖罚在出版界来说，办法有很多，如直接金钱奖励、新年度书号使用额度，等等。除此外，干部的晋升任用，也应直接选择绩优者，杜绝平庸者晋升。

（三）重用绩优者

目前，大学出版社处于转制的试验之中，一旦转为企业，出版社将完全市场化。如何在市场竞争中求生存、求发展，是摆在大学出版人面前的一道必答题。笔者认为，要较好地适应形势发展有效利用市场规律谋求自身生存和发展，出版社就应重用绩优者。绩优员工，应该说是较好地适应了环境，有良好的业务联系方式和有效的工作方法，也有良好的团队工作能力，重用这些人员，出版社才能发展壮大。出版社要大幅度发展，绝对离不开高素质的团队和团队作战能力强的绩优者。现代优秀企业的成功经验之一，是良好的团队作战精神，出版社通过发挥绩优者的作用，从而较好地联系策划、编辑、出版、发行、储运、财务等部门人员，有效提高工作效率，从而达到提高经济效益完成工作目标。

五、加强调离人员的管理

无论是调离出版社到别的行业，还是到其他出版社，或是辞职的和离退休人员，从人力资源管理角度上讲，这些都是新产生人力资源的渠道。因为不管你承认与否，这些离开人员，都构成本社强大的关系网。这些人一方面对本社的经营、管理状态进行宣传、对比；另一方面促成了出版社人力资源的流动。所以我们要珍惜这些离去人员的关系、资源。

要做好这方面工作，首先，要树立良好的主观愿望。不要把离去人员视为不为出版社服务的对象，或不听话的员工。人有多种选择，一个企业，一个单位无法满足员工的多方的要求，而流动，就能有效地解决这一难题。因此，保持宽广的心态去接受离去的现实，是做好这项工作的开端。其次，倾听他们对出版社经营、管理方面的意见。大多数离开者，由于无负担，都会吐露真言，这对我们改进工作非常有利。再次，是了解员工的去向。一方面知道员工流动的原因，另一方面便于把本社新聘职位空缺情况告知他们，看能否推荐新员工过来。通过一些非正式的方式和前员工保持良好的关系，可以带来新的业务和市场优势，甚至可以重新雇用那些暂时离开的优秀员工。前两年，我社储运有位员工“跳槽”到某图书发行公司工作，2005 年初，通过我们的工作，把他拉回来了，结果该员工出人意料地把其他公司在储运方面好的管理经验也带到了我们社，弥补了我社储运工作上的一些不足。因此，要做到拓宽人力资源的“源头”，在做好上述几方面工作的同时，也可通过制度化的建立调离人员的档案，为出版社人力资源管理储备积蓄一定的人才。

综上所述，大学出版社要有效摆脱目前人力资源管理方面的困境，必须开拓新的人力资源管理方法和渠道、转变工作思路，以一种创新的精神面貌去面对现在的局面，从而为出版社快速发展和创造更好效益打下坚实的人力资源基础。

完成时间：2005 年 9 月
发表载体：《大学出版》第三期

数据管理：出版社强化微观管理的有效途径

目前“出版管理以财务为中心，财务管理以成本为中心”的观念已被大多数出版社所接受并贯彻实施于日常的内部管理之中。但随着市场的发展变化，也随着出版社自身为适应市场的变化而进行适时的改革，这种观念和做法已远远不能满足出版社决策层的需要了。那么，伴随着更科学、更准确和更全面的决策要求的数据管理方法，也适时地进入出版社决策层的视野。

出版数据管理，就是在出版社内部的编、印、发、财、储等部门，包括行政办公室，建立全面的绩效数据报告制度，出版社再设专门的科室对其进行整理、汇总、建档、分析、报告的管理制度。

建立出版社数据管理制度，不但对出版社全面的经营活动发挥着不可低估的作用，而且对出版社内部实施科学决策、定额管理、建立科学的考核办法、制定科学发展规划以及有效降低出版社整体管理成本等方面都有着重要的意义。因此，建立数据管理制度，是出版社强化内部微观经济管理，提高全社运营效益和“双效益”的一条有效途径。

一、数据管理有助于出版社实施科学的决策

科学的决策必须建立在有合理、正确的决策目标、决策目的和准确的信息来源的基础上。出版社面对着稍纵即逝的市场机遇，要做到科学地决策，显然是离不开完全、准确的信息采撷。这些信息当中，一方面是来自外部（市场）的外源信息，也包括市场的要求；另一方面则是来源于出版社自身的内源信息。具备了这两方面的信息才能实行科学的决策。作为内源信息来讲，主要就是出版社内部各部门汇总反馈的各种数据。比如：在出版社的选题决策方面，当某种选题，要论证其是否出

版，对外来说，我们要掌握市场需求的数量、有否相同的选题，对内来说，则是要汇总社内近几年相同的选题，以及相类似选题的印数、销量、回款、库存的数据，作为辅助决策的依据，以分析决定该选题是否有出版的价值；在发行战略的运用方面，为了抢占市场，我们在对某种图书实施提价、降价、降折扣等等手段之际，必须调查社会上该类图书的平均定价水平以及社内图书的平均定价水平与平均成本水平，才能果断地作出科学的决策。再如我们在对全社当年平均成本占当年出版码洋的比率的判断中，就须掌握当年以及往年图书的平均印数和平均定价水平的数据，从而作出客观与准确的判断。凡此种种的信息，均来自出版社内的数据管理。由此可见，数据管理对出版社实施科学的决策，起着非常重要的作用。

二、数据管理有利于制定合理的发展规划

规划是实现出版社目标的保证，也是出版社实际运作的依据，更是出版社在日常运营中的控制依据和手段。出版社要得到长足的发展，必须要有一个科学的发展规划。无疑，要制定一个合理的、科学的符合出版社自身发展的规划，就必须要有详细的、准确的数据支持。这些数据的来源以及准确度，决定着发展规划的合理性和科学性，也决定着发展规划能否实现。通常，衡量出版社发展的主要标杆，是各项经营指标，如生产码洋、销售码洋、实现回款、固定资产、流动资金等等。要合理、科学地制定未来五年的发展规划，就离不开分析前五年完成指标的数据情况。因此，全面、详尽、科学的数据管理，必将对出版社制定科学的发展规划产生决定性的作用。

三、数据管理有助于出版社实施科学的定额管理

现代管理方法最大的特点是注重定量分析与定性分析的紧密结合。

定额管理，是企业管理工作中，对员工实行有效管理的一种有效手段。出版社在实施企业改制的过程中，越来越重视在

内部实施有效的经营管理，定额管理则是出版社强化经营管理当中必不可少的一个重要手段。在出版社改制后，制定实行适合自身发展需要的薪酬管理办法和实行定额管理是必不可少的。如何制定合理的定额额度？如何确定薪酬的合理性？都是劳资双方所关心的切身利益关系问题。只有科学地、合理地制定定额管理中的数据，才能确保出版社劳资双方的双赢，才能确保出版社经营目标和总体规划的实现，才能确定出版社“双效益”的实现。当下，很多出版社把利润指标分解后分别落实到编辑室，甚至落实到编辑个人。在确定这个定额时，往往是参考其他出版社的定额，或者是前两年本社的平均数，甚至是上一年度的基数确定。而在制定之后，并在年终考核时，实际结算往往差别很大，仅仅理解为有没有大量的重印书等简单原因是没有说服力的。对此，应该首先建立一套完整的数据管理制度，并对数据进行科学的分析，结合出版社薪酬管理办法，分门别类建立各档次的定额指标，与相应的薪金档次对应，有效解决新编辑与老编辑，策划编辑与文案编辑，能力强与能力弱的编辑的差别问题。因此，必须建立有效的数据管理制度，收集、整理、分析测定各种数据，特别是有利于定额的数据，为科学制定出版社的各种定额指标奠定良好的基础。

四、数据管理有助于实施科学合理的考核

合理的考核，既是对出版社所制定规划、方案实现程度的一种检查，也是对出版社员工实现自身价值的一种检查和肯定。出版社在制定了合理的定额管理办法、方案之后，必须实行周期性的考核制度。通常我们都认可以自然年度作为考核的时间单位。而且，这个考核也必须建立在有效的数据管理这个根本的制度之上。因为，只有建立了数据管理，才有可能有全面的数据来源和汇总；只有准确、全面的数据来源，才能对各部门、各员工进行科学合理的考核。通过建立全面、完善的数据管理制度，利用准确、有效的数据实施从上而下的考核办法，既是对出版社目标的检查和对员工绩效的检查，同时也是

出版社提升管理水平和档次的体现。在出版社各种数据指标的归类的考核过程中，可以灵活运用。其中的回款指标，既可用于财务部门的考核也可用于发行部门的考核；对退货码洋的分析、考核，既可考核到编辑室、编辑个人，也可以考核到发行部门、发行业务员和片区。这些精确数据，对出版社实施科学、合理的考核都将产生重要作用。

五、数据管理有助于出版社科学地降低整体的管理成本

提高工作效益，降低运营、经营成本，追求利益最大化，是所有企业追求的最终目的。出版社也不例外，不同的仅仅是由于出版社属于文化产业。文化产业的特征决定了出版社必须在努力为人类社会奉献精神财富的前提下，追求利益的最大化，使社会效益与经济效益双获丰收。同理，出版社同样必须面对市场，面对竞争，必须以最低的投入产出去实现最优的经营效果。要做到这样，就必须从自身内部微观经营管理入手，降低各种运营成本，使自身产品单个劳动成本比社会平均劳动时间和成本要低，这样才能确保效益最大化。为此，出版社必须通过建立科学、合理的数据管理，汇总各部门、各工序的各种数据，分析、对比各部门、各工序的运营成本，找出科学地解决降低成本的途径，从而有效地解决全社管理成本，实现“双效益”的最佳体现。比方说，我们要有效地降低各科室的各项费用，就可通过设立以科室为单位的费用登记、汇总制度，把数据按年度为单位汇总，通过逐年对比，就可找出不合理的开支，并予以取消或调整；还可以将各科室的费用与津贴、年终考核、年终结算挂钩，将科室利益和个人利益与出版社整体效益挂钩。所以说，数据管理能有助出版社降低整体的管理成本。

综上所述，数据管理在辅助出版社科学决策、制定规划、定额管理、合理考核和降低出版社管理成本方面都发挥着重要

的作用。因此，建立长效和全面、精确的数据管理制度就显得十分重要。

建立全面而精确的数据管理制度，首先要树立正确的建立、使用数据方法的观念。摒弃那种可有可无、流于形式和不进行科学跟踪、科学分析的做法。其次要建立专门的部门、安排专门的人员进行管理，不能简单把这项工作划归统计部门或统计人员负责。然后要确保信息采撷的完全性、准确性。数据的完全性、准确性是科学决策的前提，容不得半点疏漏。最后是建立绩效定期报告制度。一是确定报告的时间，二是确定各部门的报告内容。

总而言之，“细节决定成功”，出版社通过建立数据管理制度，必将提高出版社的微观管理水平，从而促使在出版转企之后，各社能以有效的管理、合理的成本，应对市场中的各种浪潮，并在商海中获取最优的“双效益”。

完成时间：2008 年 1 月

发表载体：《科技与出版》第一期

试论出版社企业文化建设

——以中山大学出版社企业文化建设为例

“小型企业靠机遇，中型企业靠制度，大型企业靠文化”从管理方面来讲，这句话可谓道出了企业发展的要点，也从另一个角度说明了企业要发展壮大，必须在完备管理制度的同时，适时形成有企业本身特点的企业文化。并使这种文化体系凝聚、激励全体员工的斗志，使员工认同企业的价值理念和发展目标，从而使企业沿着预定战略轨道高速发展。

企业文化是一种以价值观为核心，对全体员工进行企业意识教育的微观文化体系。这个文化体系既有团体的共同信仰、行为指导，也有其独特的企业个性。既有视觉形象识别的系统如企业的徽章、建筑物、店面、服饰、办公用品、标准企业形象等要求，也有意识和思想方面的无形企业文化精神约束。一旦形成完整的企业文化体系，它就会在不同的层面上散发展现，并使旁人能切实地感觉到它的存在和发生的作用。

一、注重企业文化建设

中山大学出版社从成立之初，就开始构筑具有本社特点、特色的企业文化。但这仅仅是企业文化体系的雏形。这种早期企业文化的形成，很大程度上是由早期出版社的领导班子成员和领导风格奠定的。追求团结和协助，争取好的效益，行动上由领导带头，以身作则；外观形象上，确定社徽和社名字体，并以中山大学的文化底蕴作为出版社的背景；精神上追求奉献，不计较个人的得失；管理形式上采取充分的民主，全面听取员工对企业发展的意见，及时调整、修改管理方法和管理制度，让员工体会到自身存在的价值和意义等，初步彰显了自己的企业文化。

20 世纪 90 年代初期，中山大学出版社经过近 10 年的发展，制度建设已相对比较完善，员工对企业文化的认同达到了一个新的起点。当时的社领导根据出版社的状况，提出了“开拓·进取·协同·高效”的社风口号，比较准确地概括了出版社必须具备的文化精神准则和企业文化行为规范，从而也从精神上凝聚了出版社员工的创造力，为出版社工作“上台阶、争码洋”，发挥了不可低估的作用。

20 世纪 90 年代中期，根据中山大学 CI 形象的确定，出版社综合之前的点点滴滴的积累，在外观形象视觉识别系统中，将社徽、办公用品、铭牌、名片及专用字体、颜色等作了统一设计，放弃了旧的社徽和红色，取而代之以中英文混合的新社徽，与学校所使用绿色相衬的颜色也显示了中大岭南特色，并显示出勃勃生机，初步形成了出版社独特的视觉系统，为构筑完善的企业文化系统奠定了基础。

2000 年 5 月，出版社现任领导班子成立。新班子的成立，为出版社企业文化的建设与发展，注入了新的元素。首先，给出版社企业文化注入了和谐的理念。新班子成立之后的各种决策和改革措施，都在做好人的思想工作和营造和谐工作环境方面，下足了功夫。其次，创新的理念。无论是图书出版选题，还是图书的经营管理方面，都以创新的工作理念去应对，改变了很大一部分职员的思想观念，为出版社这些年的发展打下良好的人脉基础。应该说，现任领导班子是继承和发展了出版社的企业文化，并逐步完善和加以创新。2006 年底，时任社长叶侨健同志，根据出版社各方面情况，特别是企业文化中最重要的社风体现方面情况，在出版社职代会上提出了修订社风的提案，并取得职代会代表通过。“务实、进取、稳定、和谐”成为出版社新的社风，适时地推进了出版社的企业文化建设。

经过多年的努力，出版社的员工已自觉地融入了出版社的企业文化氛围当中，自觉地以出版社的整体性和稳定发展为已任，把个人职业生涯的价值观与出版社实现发展和“双效益”

相联系，为出版社的发展尽心尽力。出版社在企业文化的建设和积累过程中，有效地促进出版社凝聚力。

二、打造企业文化特点

纵观中山大学出版社在这么多年的企业文化体系建设中，经过一点一滴所得，已逐渐积累和形成了自己的底蕴，也形成了具有自己特点的企业文化。这些特点的形成离不开以下几个方面的支持。

（一）行业优势

新闻出版行业本身就要求各单位必须要具备一定的文化素质，这种行业的特性使进入出版社工作的员工都必须具备一定的学历。文化素质相对较高使员工在文化氛围和价值观两方面都比较容易与企业目标相融合。因此，从出版社一成立，就充分发挥出版社这方面的优势，经过点点滴滴的积累，很快形成出版社独特的企业文化体系。

（二）领导带头

经过中山大学出版社几代社领导的精心营造和点滴积累，特别是2000 年初开始，以叶侨健为主的社委班子，更是把出版社的企业文化演绎得更加完善，使出版社企业文化日臻完善。如果没有社领导的带头和督促，作为系统化的企业文化是无法逐渐形成的。纵观前面社里对企业文化中各种要素的确认与统一，以及推广应用，几次大的行动都是由社领导牵头和参与的。特别值得一提的是，凡是涉及出版社整体形象和反映出版社人精神面貌、文化底蕴的大型公众活动，社领导都亲自出马，如这些年中出版社参与学校组织的舞蹈、时装表演、运动会、拔河比赛和业界组织的全国大型书展等等。领导的务实行为凝聚了人心，展现了出版人的企业文化面貌。

（三）曲高众和

有了多年的积累，有了领导的支持，就可以营造浓厚的企业文化的氛围。出版社员工学历素质之高以及研究领域之广泛，使强化企业文化的底蕴成为顺理成章。多年来，出版社员工秉承一贯的传统，延续着出版社企业文化的光荣一面，并把完善、传播企业文化当成一种自觉的行为。每当出版社发展到一定程度，就会有员工适时地向领导提出加强某些企业文化、完善某些文化氛围的建议，使出版社在发展过程中，不断地扬弃过去的积累和传统，实现自我完善，呈跃进式发展。正是这种互动式的企业文化特质，使出版人产生一种热爱出版社的自豪感，促成了企业文化中员工的价值、理念与企业发展目标相统一，并认同企业的发展目标和为之奋斗。

前面所述的 3 个方面成就了出版社员工自觉认同和传播出版社的企业文化行为。2007 年广东省出版行业协会组织省内二十几家出版社出版了论文集，结果出版社员工的论文数量占 34.7%，使省局领导刮目相看；另外，中大产业集团党委组织的企业文化征文，中山大学出版社在出版任务重的情况下，依然递交了 9 篇企业文化方面的论文，其中还有社长的 1 篇。这些都体现了出版社多年的企业文化建设积累的功底。

三、企业文化结硕果

良好的企业文化，是从企业自身具备的特性、特点中凝练出来的，它能提升企业适应环境变化的能力和延续企业发展的能力，能凝聚员工的向心力，使企业创造出与众不同的发展速度和获得良好的效益。中山大学出版社近 5 年来，在良好的企业文化氛围的熏陶之下，全社员工上下一心，连续多年保持两位数的增长速度发展，在众多同行停滞不前甚至出现负增长的环境下，中山大学出版社的这种发展是难能可贵的。究其原因，企业文化建设的辅助作用功不可没。员工在中山大学出版社企业文化氛围的影响下，也自觉地为出版社的经济建设贡献力量。出版社连续 5 年来没有员工被解聘，也没有员工因为在出版社干得不开心而离开。值得一提的是，近几年的企业文化建设，使中山大学出版社员工自觉地形成对本职工作和出版社发展的理论研究和探讨，对本职工作的钻研使各个岗位上人才辈出，理论与实践相结合，使业绩大幅度增长。由此可见以企业文化为核心价值观的理念在中山大学出版社的作用是明显的，这种文化硕果将推动着中山大学出版社继续向前迈进。

综上所述，中山大学出版社经过二十几年的发展，逐渐积累了具有自己风格的企业文化底蕴，形成了出版社职工认同的价值观，凝聚员工为了出版社的发展而奋斗。同时，他们也深深地认识到，企业文化具有很强的时代特征，企业文化也会随着社会的发展和企业的发展，在内涵和外延两方面发生质的变化。只有在实现出版社各时期目标的基础上，适时地更新理念、规范企业的行为，才能不断地完善出版社的企业文化。

完成时间：2008 年 8 月
发表载体：华南理工大学出版社
《书香流韵－广东省出版科研论文集》

转变观念，充分发挥基层党组织在高校企业中的作用

目前，高校企业转制工作已基本完成实施操作阶段的任务。转制后的高校企业，在构建了功能完备的现代企业制度之后，如何确定高校企业基层党组织的地位和作用，如何发挥高校企业基层党组织的功能，是一个急需解决的现实问题。

一、高校企业改制前后党的基层组织状况

高校企业的诞生，源于上世纪五六十年代，当时是为了解决学校一些辅助教学工作以及解决教职员工家属的工作出路而设立。改革开放以后，为了把科研成果转化为社会商品，高校企业有了一个较大的发展，其数量、规模都呈几何级数增长。由于是高校办企业，这些高校企业从成立开始，就带着浓厚的高校特点，例如：具有一定的行政级别；主管人员由教学科研人员兼任；企业内职工全部是高校编制人员；企业设在校内，占用着学校的资源；人员的工资也由学校负责发放等等。高校企业属于事业性单位，实行行政管理模式，企业以为学校教学科研和生活服务为主，部分企业也有经营性指标和一定的经营任务，但并非完全意义上的企业。从 90 年代开始，高校企业才逐渐开始实行“独立核算，自负盈亏”，实行“事业性单位，企业化管理”，并逐步使之市场化。

在高校企业发展的过程中，与其他事业单位的一样，在企业中普遍建立党的基层组织。党的基层组织在企业建立、发展和日常生产经营过程中，处于绝对的领导地位，党的基层组织指挥一切，以党代政的现象在高校企业中普遍存在。由于高校企业的特殊性和我国当时处于计划经济时代，大部分这种附设性的企业效益不大，市场竞争力不强。这种由党的基层组织统

帅一切的模式，其制约企业发展的弊端也日益显露出来。

2005 年 10 月，教育部颁发了《教育部关于积极发展、规范管理高校科技产业的指导意见》，吹响了改革高校以事业单位法人的身份直接办企业的体制。重新确立国有经营性资产的责任主体、并全面推进现代企业制度建设的号角，全国高校企业改制工作如火如荼地进行。建立产权清晰、权责分明、校企分开、管理科学的现代企业制度，完善以股东会、董事会、监事会“三会”为代表的企业法人治理结构，独立核算、依法纳税、自负盈亏的法人实体，已成为高校企业转制后的要求和必须建立的模式。

在高校企业转制过程中以及转制之后，基层党组织的地位和作用成为热点话题。部分高校企业的基层党组织出现了一些令人深思的新情况。

（一）个别企业党的基层组织不健全，甚至没有党的组织

转制之后，由于部分企业的“关、停、并、转”，使原来高校企业完善的基层党组织变得比较凌乱。有的高校企业出现企业中有党员，没有支部；有的企业因为种种原因出现没有了党的基层组织的现象。

（二）只重经济效益，忽视党的基层组织建设工作

企业只注重完成上级下达的经济指标，追求利润最大化，忽视党组织的建设。个别企业甚至出现党的基层组织活动只能利用休息时间的现象，使这些企业的基层组织工作无法开展或不知如何开展，党员和党的干部深感迷茫。

（三）个别非党人士担任企业负责人的企业，基层组织配合困难

由于企业实行法人治理结构，也由于实行董事会任命制的总经理负责制，使企业中非党人士担任法人代表的几率上升，

这些企业中有个别企业的基层组织不知如何与非党人士主管配合，有的甚至产生了积怨和矛盾，导致无法开展工作。

（四）个别企业的党员人数日渐老化并自然减少

由于基层党组织的地位不明确，也因为基层党组织工作开展不力，基层组织没有积极发展新党员，基层党组织的党员人数在逐步减少和老龄化，基层党组织失去了应有的生机。

（五）个别企业的党组织负责人对本企业的业务不熟悉，行业情况不了解，无法配合企业主管开展工作

高校企业市场化以后，特别是转制之后，面对着变化万千的市场信息，党的基层组织还没完全融入到本企业、本行业中去，还未适应快速的市场变化，从而无法配合企业的业务特点开展工作。

面对着高校企业转制后的这些现象，基层党组织应该如何开展工作？基层党组织如何根据党章的要求，在新的历史条件下，实施开拓性的工作，是摆在我们面前的一道新课题，也是高校企业转制后必须解决的新问题。

二、转变观念，充分发挥基层组织在高校企业中的战斗堡垒作用

我们必须理智地厘清企业与企业基层党组织的关系。基层党组织是依托于企业而存在，在《中国共产党党章》第 29 条中明确规定，企业中凡有 3 个正式党员以上，都应当成立党的基层组织。众所周知，市场经济条件下，企业的存在须以市场为导向，经过企业经营者的努力，在取得市场认可后，获取经济效益，企业从中得到发展壮大。如果企业的经营、产品得不到市场的认可，就会停滞不前，甚至倒闭，企业的基层党组织也就不复存在。这是企业的特性、特点，也是企业党组织的特性、特点。因此，《中国共产党党章》中明确规定了企业基层

党组织的地位和作用："党的基层组织是党在社会基层组织中的战斗堡垒，是党的全部工作和战斗力的基础。"它必须"团结、组织党内外的干部和群众，努力完成本单位所担负的任务"、"围绕企业生产经营开展工作"。这都明确告诫我们在新的时期尤其是在高校企业转制之后，党的基层组织必须准确地确定自己的位置，摒弃原来基层党组织在企业中的那些事无巨细一包到底、以党代政、党政不分、党指挥一切和党的领导至高无上等等旧的观念，取之以实实在在的政治、思想、组织的领导，这样才能根据党章的要求，充分发挥基层党组织在高校企业中的战斗堡垒作用和政治核心作用。

（一）正确执行党的路线、方针、政策，确保企业发展的政治方向

我党执政党的地位，确定了党的路线、方针、政策必然会在社会的各个领域发生作用。并通过法律和制度对各层面进行控制，高校企业也不例外。

企业，作为追求利润最大化的经营机构，在市场经济规则的引导下，很容易把实现企业经营目标和不顾一切完成指标作为企业的运营动力，这在资本主义制度中无可厚非。但在中国特色社会主义制度下，企业应该把社会效益和经济效益放在同等地位，通过社会效益与经济效益的有机结合，才能得到社会的承认，才能实现企业的目标，最终实现企业的发展。如果没有法律和制度的制约，企业只顾追求利润最大化，那么将会对社会、对人民产生危害作用，从而也会使企业受到损失。"齐二药"事件已给我们敲响了警钟。在高校企业中，如新闻出版单位，是我党精神文明战线掌控较严的领域。又如医药制销领域，由于直接影响人民群众的生命安全问题，也是国家政策较多、控制较严的领域。如果在这些高校企业中不能坚持正确执行党的路线、方针、政策，不能确保遵章守法经营，那么也是很容易出问题的。要确保企业发展正确的政治方向，就必须发挥高校企业基层党组织的作用。

现代企业管理制度，企业经营责任人为法人代表，负责企业的经营事务。董事会的选人、任命形成的是事前监督作用。对经营责任人的年终或经营期考核，往往只是事后监督。监事会对企业发生了偏离董事会精神的行为，常常也是事后监督。而党的基层组织，由于置身于高校企业，与企业群众连成一片，能在高校企业的生产、经营中实施过程监督，这种监督方式是最及时、最有效、最真实的。因此，高校企业基层党组织，应该发挥其作用以确保党的路线、方针、政策和国家的法律、法令、法规在本企业有效执行，从而使本企业的发展不违规，不越线，健康发展。这样才能彰显党组织在企业中的政治保障作用。

（二）协调关系，营造和谐工作环境，保证企业目标的实现

在党的十六届四中全会上，胡锦涛总书记提出了“构建社会主义和谐社会”的概念，并把它作为提高我党执政能力的五大能力之一。构建和谐社会，必须遵循以人为本、科学发展、改革开放、民主法制、正确处理改革发展与稳定的关系、坚持在党的领导下全社会共同建设等原则。对于转制后的高校企业基层党组织，更应准确把握和谐社会的概念，发挥作用，协调好各种关系，营造和谐的工作环境，以保证企业目标的实现。

首先，协调好企业内的人际关系。高校企业的改制，肯定会涉及到企业的方方面面，其中也会触及到一部分人的利益问题。如收入、升迁、工作岗位调整，或是工作性质等等。如果企业的内部矛盾没处理好，员工一天到晚忙于上访、上诉、举报，那么这个企业是无法创造良好效益的，更不要说发展了。基层党组织应坚持以人为本的原则，做好人的思想工作。反复地向职工群众解释政策和贯彻上级、本企业决定了的精神。依照法律规定，妥善解决好存在的问题，促使本企业内形成良好的人际关系，使员工以良好的心态投身于企业生产、经营

当中。

其次，以企业文化为主线，营造和谐的工作环境。企业文化能使企业产生凝聚力，能使企业员工为传承企业的精神而产生良好关系。企业要发展，离不开干部、群众的齐心协力，只有企业中人与人之间、部门与部门之间、上下级之间关系融洽，企业才能形成向心力，企业的目标才会实现。高校企业基层党组织的干部应发挥学历高、见识广的优势，以企业文化作为主线，努力营造和谐的工作环境。以做好思想工作作为有效的工作方式，以维护群众利益为主，发挥各部门、各种人力的作用等办法，倡议传承企业的传统及精神，努力创造良好的人际关系、部门关系，使高校企业内的员工对企业发展发挥积极的建设性作用。

基层党组织通过协调企业的各种关系，营造和谐工作环境，既保证了企业目标的实现，也体现了自身在企业中的政治作用和政治价值。

（三）确保国家、集体、群众利益不受损害

高校企业转制以后，由于原归属学校编制的高素质人才“回流”到校本部，加上现有用人机制仍不完善，造成个别高校企业主管素质不高；个别企业主管人员对转企后政策理解不透彻，产生了以为转制之后一切都是“我”说了算，甚至个别人私欲极度膨胀的现象。凡此种种，都对高校企业中国家、集体、群众利益造成损害，如何确保这三者利益不受损害，如何依法正确处理好这三者之间的关系是高校企业转制之后要监督、检查和落实的重要问题。高校企业基层党组织在这方面应充分发挥作用，确保三方利益得到有效维护。

首先，确保国有资产保值增值。国企改革的目的与高校企业转制的目的是一致的，最终都必须促使企业得到发展，“发展才是硬道理”，必须使国有资产保值增值。而国有资产必须在确保不流失的前提下才能保值增值。这些年，在企业转制过程中，国有资产流失案时有发生，触目惊心。而在企业转制之

后在经营过程当中，国资减小的情况也时有发生。要充分发挥基层党组织在企业转制之后在经营中的监督作用，以确保国家利益得到保护。

其次，是确保企业自身利益。高校企业是国资保值增值的载体。在转制之后，应按现代企业理财的理念，留足本企业的发展基金，以利于应对市场经济的风浪。只有确保企业这个载体的良性发展，才能保障国家、集体、群众三者利益不受伤害。

再次，是保障群众利益不受损害。世间上所有的事情都必须靠人干出来，"企业"没"人"则成"止业"，这是很形象的说明。确保职工群众收入与企业经济增长同步，让群众分享企业发展成果，才是企业发展的良好保障，才是经营者的正确理念。

高校企业基层党组织，具有产生于基层、植根于基层的特点和优势，发挥其作用，依法合理地处理好三者的关系，确保三者都能得到发展，从而为企业提供有效的保障作用。高校企业基层党组织也只有通过处理好这些关系，才能体现出政治保障作用。因此，转变观念，以确保国家、集体、个人利益不受损害，高校企业基层党组织有义不容辞的责任。

（四）构建防腐机制，确保企业健康发展

在高校企业转制之后，最迫切需要基层党组织发挥政治保障作用的，最能体现基层党组织积极参与重大决策的行为，莫过于督促和协助企业行政领导制定各项规章制度。这当中，建立健全教育、制度、监督并重的惩治和预防腐败制度尤为重要。

对高校企业而言，很多外界人士认为，"企业想发多少钱就发多少钱，想拿多少钱就拿多少钱"，可以随心所欲，这是非常不正确的认识。但企业与钱财打交道的机会很多，对于企业来讲，由于面对着市场，面对着客户，所有的工作最终必须转化成资金的回笼。所以，在企业中工作人员与钱财打交道的

机会的确是很多的。而市场经济浪潮下，形形色色的商人在利益驱使之下，什么手段都会使用，行贿受贿已不是什么新鲜事。“色贿”甚至包办家务这等匪夷所思的事也早有耳闻。这几年，在高校企业中，私分公款，私设小金库，弄虚作假以及损公肥私现象时有发生，特别是对外投资的失误，更造成企业“失血”而陷入困境。因此，构建高校企业的防腐机制，是高校企业转制之际的头等大事。如果我们仅仅依靠企业人员，特别是行政主管人员自律或自我制定制度进行约束，那是不完善的。为了确保企业的健康发展，营造一个清廉、公平、公正的经营环境，使高校企业沿着健康的轨道发展，高校企业基层党组织，必须根据党中央的指示，以及各级文件精神，结合本企业、本行业的实际情况，尽快督促、协助企业制定一套行之有效的防腐机制，充分发挥基层组织的政治保障作用，以正人心。

高校企业转制之后，我们必须转变观念，把贯彻党的方针、政策、协调关系营造和谐环境，确保国家、集体、个人利益不受损害以及构建企业防腐机制作为我们发挥政治保障作用的重要任务来完成，那么基层党组织就大有可为。同时，我们也必须清醒地认识到，随着党中央和国家的一系列改革措施的出台，作为基层党组织的人员，必须与党中央保持一致。要做到这些，就必须加强学习，提高素质，正确处理好与非党干部的关系，搞好自己工作、及时发展新党员，从各方面壮大自己，从而拓展党建工作的新空间。

三、转制后，高校企业基层党组织应做好几方面的工作

中国共产党的章程告诉我们，“党要适应改革开放和社会主义现代化建设的要求，加强和改善党的领导”、“党必须适应形势的发展和情况的变化，完善领导体制，改进领导方式，增强执政能力”。高校企业转制以后，建立现代企业管理制度，完善了以公司制为主体的法人治理结构。形势的发展，环

境的改变，迫使我们基层党组织也必须快速地作出调整，而不能因循守旧。只有遵循《中国共产党党章》的要求，以积极的态度适应情况的变化，调试好自身的心态和素质，才能增强我们的执政能力。为此，为了实现基层党组织的作用发挥，我们必须做好以下几方面工作。

（一）加强学习，提高素质

《中国共产党党章》第三十一条第二款明确规定，党的基层组织的基本任务是“组织党员认真学习马克思列宁主义……学习科学、文化和业务知识”。要提高基层党组织成员的素质，就必须加强学习，提高理论水平。党的十七届四中全会，向我们提出了“建设马克思主义学习型政党，提高全党思想政治水平”的要求。

首先，学习马列主义、毛泽东思想、邓小平理论和“三个代表”的理论和思想，积极投身落实科学发展观活动。一方面，我们要正确、全面地把握这些理论的原意，掌握其精髓，以便灵活运用于工作实际当中。在这些理论中，如“实事求是”、“发展才是硬道理”等对我们开展工作具有现实的指导意义。另一方面，有效掌握和应用这些理论，使我们能面对新的形势，找到新的工作重点、新的工作方法。

其次，学习党的路线、方针、政策及决议。这方面，作为高校企业基层党组织尤其值得注意。从依附高校的教学科研一线，转向面对竞争激烈、规则严明的市场，如果不掌握党的方针、政策，很容易走向歧途。而且，每一时期的政策、决议，都具有非常强的可操作性，如果作为党的全部工作和战斗力基础的党的基层组织都不学习、不理解，甚至不执行，那么我们党如何体现执政能力？基层组织如何与党中央保持一致？因此，党的基层组织应提高政治敏锐性，特别是在各行业改革的关键时刻，我们更应时刻把握、学习好党的路线、方针、政策。要走在群众的前面，才能担负起“领导”的责任，才能谈得上“政治领导”、“思想领导”。

再次，学习科学、文化和业务知识。科技日新月异的飞速发展，使我们的知识更新周期缩短。科学和文化知识，相信每一位党员都会足够重视，但对本企业的业务知识的重视程度也不容忽视。为了保障党的基层组织在企业中有领导地位，也为了党的领导事业能不断发展壮大，我们必须刻苦地学习业务知识，并成为企业、行业内的行家、专家。只有这样才能与广大群众一起“模、爬、滚、打”地战斗在商海的第一线，才能及时捕捉商海的变幻，才能带领企业广大群众在激烈的竞争中闯出一番天地。良好的行业技术知识与技能，不但为基层党组织与行政、经营领导的合作构筑了工作平台，而且对提升党员、党的干部参与意识和经营地位等都有重要的意义。

“终身教育，活到老学到老”的理念已深入人心，作为基层组织，我们没有理由袖手旁观，充当“形而上学”的精神领导。建设学习型党组织，并使我们的党员成为身体力行的行家、专家，才能为广大群众所接受，企业党的基层组织才能确立政治核心的地位，才能发挥其政治保障作用，才能有效带领广大群众完成上级任务，创造良好的“双效益”。

（二）处理好与企业法人代表的关系，善于与非党干部合作共事

《中国共产党党章》中明确写道：“党的领导主要是政治、思想和组织的领导”，“国有企业和集体企业中党的基层组织，发挥政治核心作用，围绕企业生产经营开展工作”，“支持股东会、董事会、监事会和经理（厂长）依法行使职权”，“参与企业重大问题的决策”。这些都为我们摆明了党政关系。在现代企业制度中，由于企业法人代表承担着独立的民事责任，享有独立民事权利，并对企业董事会负责，所以必须赋予其独立的经营管理决策权。从《公司法》的表述和与《中国共产党党章》的相关条文上来对比，两者并不矛盾。因此，我们必须正确把握好在日常工作中的尺度，充分尊重和支持行政领导行使权力。与此同时，团结、教育党员、群众与行

政领导积极配合，齐心协力完成企业的指标和任务。

现代企业制度的推行和完善，使得企业中人员变动变得平常，许多有才能的非党人士走上了企业的领导层。作为企业党的基层组织，要学会并善于同非党干部合作共事。首先，要尊重非党员干部。应该说，能进入到领导层的非党员干部，工作性质、目标与我们是相一致的，都是要把企业搞好，取得长足的发展。既然上级党组织、上级领导经过考察后，把他们安排在此重要岗位上，就应该有其重要的作用可以发挥。那么我们基层党组织应给予重视、尊重、配合。其次，虚心学习非党员干部的长处。企业能否在市场经济的商海中取得良好效益，最关键在于有没有人才和团结合作的团队。在合作过程中，取长补短，形成互补，构建合作的团队，才是正道，才能促进企业发展。因此，虚心学习非党干部的长处，是提高我们工作能力和形成合作团队的有效途径。再次，主动配合工作。多年的执政党的地位，使我们有些党员同志，特别是党的领导干部易产生官架子，不易与非党干部合作。旧企业的管理模式，特别是原有人员的行政级别，更是助长这种层级关系，使得党员干部放不下面子与非党干部合作共事，这些都是不可取的。为了促使企业能够快速、健康发展，我们应摒弃旧的观念、习惯，友善、友好地同非党干部共事。但是，作为基层党组织特别是党的领导干部，在主动配合、虚心学习之时，更应有效地引导、检查、督促非党行政干部的行政行为和经营行为，依法办事，规范操作。总之，在企业日常经营管理过程中，高校企业基层党组织应主动加强与非党干部的交流、沟通，并维护其威信，构建一支企业合作的领导团队，带领群众实现企业的发展。

（三）加强管理，完成党章赋予基层党组织的使命

《党章》赋予基层党组织的任务是多方面的，面对着高校企业内的繁忙事务，在开展各项工作的同时，基层党组织应有的放矢地抓住工作重点，实现基层党组织在企业中的政治作用。

（1）加强对党员的管理。党要管党，首要的是把党员管理好。高校企业如果转制后党员成一盘散沙，那么就会失去战斗力，党的基层组织就会失去应有的战斗堡垒作用。加强对党员的管理，是基层党组织第一任务。首先，建立健全定期的组织生活制度，每月至少有一次组织生活，以利于党组织把上级的精神传达下去，也有利于对党员进行教育、管理和监督。其次，通过正常的组织生活，也可以把生产第一线的情况收集反馈上来，把握准群众的思想和企业的脉搏。再次，通过加强对党员的管理，确保党员在履行义务时确保其权利不受侵犯。要确保基层党组织作用的发挥，必须要加强对党员的管理。

（2）加强对企业工会、职代会、共青团、妇女组织等的领导。《中国共产党党章》中明确指出，"党必须加强对工会、共产主义青年团、妇女联合会等群众组织的领导，充分发挥它们的作用。"首先，上述几种组织，普遍存在于高校企业当中，加强对他们的领导，是基层党组织壮大实力的体现，也是基层党组织非常有效实施领导的行为。其次，通过加强对这些组织的领导，使基层党组织的任务，"密切联系群众"，"维护群众的正当权利和利益，做好群众的思想政治工作"，"发现、培养和推荐他们中间的优秀人才"，等基本任务得以完成。再次，按《公司法》规定，在对企业实施管理的过程中，很多企业内部的规章制度和管理方案，如薪酬制度、发展规划等，必须通过工会、职工代表大会或职工大会讨论或提出建议，方能公示实施，在法律上才能得到认可。如果企业违规操作，一旦提起诉讼，那么最后吃亏的将是企业。因此，工会等组织的力量不可小视，基层党组织应当给予足够的重视，做好领导工作。

（3）正确处理好党政关系，积极参与企业的重大决策。从《党章》赋予企业基层党组织的任务中，我们可以看到，基层党组织的工作范围、性质，都是围绕着宣传党的路线方针、管好党员发挥党的作用、认真学习、虚心听取群众意见、做好监督党员干部和其他工作人员遵纪守法的工作等内容开展的。中心是围绕党务和群众工作，与企业经营业务、企业行政主管的行为是不矛盾、不冲突的。作为基层党组织必须转变观念，放弃以“我”为中心的思想，做好本职工作。对企业发展的重大问题，基层党组织也应根据法律规定的权限与范围，积极参与，使党的路线、方针、政策得到有效的落实，让企业沿着正确的方向前进。

（四）积极发展新党员

目前高校企业中很多企业中的党员，大部分是原高校在编在岗人员，随着这些人员的退休及调回校内，党员人数在逐步减少。如果我们不抓紧在高校企业中发展新党员的话，那么最后将导致企业中党组织难以存在。因此，我们必须根据《中国共产党党章》的要求，“重视在生产，工作第一线和青年中发展党员”，把高校企业中那些业务熟悉、表现优秀的先进分子及时地发展成为党员，既保证我党的先进性，又确保我党的队伍不断壮大。此外，我们要特别重视在合同员工中发展新党员。随着高校企业的改制，将来企业中所聘人员99%是合同人员。而且这些外来人员中，不少是技术人员和在企业中掌握着关键技术的人员。发展他们入党，不论是对我党的党建工作，还是对企业的发展，都有着不可低估的作用。

总而言之，“党的先进性和党的执政地位都不是一劳永逸、一成不变的，过去先进不等于现在先进，现在先进不等于永远先进；过去拥有不等于现在拥有，现在拥有不等于永远拥有。”中国特色社会主义实践在深入，对党的建设特别是基层党组织建设提出了新的要求。高校企业转制之后，给高校企业基层党组织工作带来新的挑战的同时，也给高校企业基层党组织带来了机遇。面对着转制后的局面，只要我们转变观念，沿着正确执行党的路线、方针、政策，确保企业发展的政治方向；营造和谐工作环境，保证企业目标的实现；确保国家、集体、群众利益不受损害；构建起完善的防腐机制，确保企业健康发展等作为我们发挥作用的工作重点。通过加强学习，提高素质，处理好与企业法人的关系，善于与非党干部合作共事；完成党章赋予的任务；积极发展新党员等工作方式，就能使高校企业基层党组织在企业发展中发挥其应有的作用，为我党的党建工作谱写出新的一页。

完成时间：2007 年 9 月

发表载体：广州中大控股有限公司网站

出版印制工作本质属性探究

业内人士都知道，出版印制工作，在出版社内部生产管理和运营管理过程中，处于中间环节，该环节上承编辑，下接储运、发行，横向联系财务。出版印制工作的这种特殊地位，决定了其作用发挥得如何，将直接影响出版社整体的经营管理。因此，重视和加强出版印制工作，充分发挥出版印制部门和印制人员的作用，调动其工作积极性，将有助于出版社有效地开展图书的经营活动，从而提高经营效益，也将有助于出版社高层决策者的领导意图得到实现。而最为根本的是，我们要充分了解和发挥出版印制工作的本质属性，即出版印制工作是一项既带有很强的技术性，又具有很强的经营性的工作。如果没有对该项工作属性的充分了解、分析，那么就难以发挥该项工作以及人员的作用。要想出色地做好该项工作，我们就很有必要对这两种属性加以探究，以便于充分认识该项工作，有效地发挥它在出版运营过程中的作用。

一、出版印制工作的技术性

笔者认为，出版印制工作的技术性源自两个方面：一方面是印制管理工作。由于它在社内所承担的是将图书由书稿物化成图书。因此，该项工作必然与承担加工任务的印刷厂、电分、排版、装订公司的工作紧密关联，因为出版印制必须依赖上述加工单位合作才能完成图书物化的过程。由此就必须把了解、熟悉、掌握、运用印刷技术作为出版印制工作的支撑点，否则将无法开展工作。但这种了解和运用，并非完全是针对某项印刷技术的具体操作层面上的技术和技能，而是对印刷工艺全过程的了解以及熟练运用。另一方面，出版印制工作在出版社内部运营上，它又承担着为适应印刷厂等加工单位的要求，而结合某种图书的设计要求去平衡两者的需求，努力使出版社、责任编辑、美术编辑的意图在现有印刷技术水平上得到实现。因此，笔者认为出版印制工作在熟悉印刷技术与精心设计图书的版式、运用工艺、材料等方面，具有很强的技术性。

（一）熟悉掌握印刷技术是印制工作的基础

印刷术是我国古代“四大发明”之一，至今已有一千多年的历史。凸印、平印、凹印，烫金、压膜、压凹凸，平订、胶订、骑马订等等都有其丰富的内涵。近年来科技的飞速发展，更是给这个古老的行业注入了新的元素。数字化印刷已使印刷技术推向了前所未有的境地。作为出版印制工作者，不管是传统印刷技术，还是近年的数字化快速印刷的新技术，他都必须充分地掌握，否则无法开展工作。比方说，传统的“排、印、装”印刷工艺是相对独立的，上工序完成后交下工序，而现代数字化快速印刷技术则将“排、拼、印、装”联成一体一气呵成。又如，不同的装订方式将决定采用不同的拼版方式，等等。如果出版印制工作者不了解这些情况和掌握这些技术，他是不足以与印刷厂对话的，也不可能实现出版社的意图。因此，作为从事出版印制工作的人员，必须充分了解、掌握、运用印刷技术，这是该项工作技术性操作的基础和平台。

（二）合理运用印刷技术数据进行图书设计是技术性的体现

对出版社印制工作的本质及范围，业内进行过多年的探讨，最终离不开图书的版式设计、印装设计和材料的运用等范畴。而这几个方面的设计，最终都必须结合现有印刷技术和设备的数据去完成。印刷技术的飞速发展，要求印制人员不断学习，不断掌握新的技术去应对出版社图书生产的新要求。比方说图书的开本设定，这是个技术含金量很高的命题。通常出版社会根据图书的读者对象和使用性质决定该书出版的开本。而出版印制工作的职责，就必须在熟悉印刷技术的条件下，努力满足和实现这种要求。而要实现这个要求，必须在印刷设备、纸张供应、装订要求等环节的数据都能满足的条件下才能完成，并且还要考虑达到几个方面的最佳组合，不浪费材料。如果没有对印刷技术的了解和掌握，上述出版印制工作是无法完成的。因此，我们说出版印制工作是一项技术性很强的工作。

（三）合理地运用印制管理技术进行工作

出版印制管理，主要是对图书在物化过程中的管理。从理论上说，还不成为专业，仅仅是一项管理技术而已。因为该项工作主要是从事图书的版式设计、印装设计、进度控制和纸张材料管理，有的出版社将校对、美编也纳入出版印制的管理范畴。既然是一项管理技术，就必须运用技术去管理。如何有效地运用印刷工艺、技术去实现编辑意图，将成为出版印制工作永恒的主题。只有充分发挥出版印制工作中的印刷技术含量的作用，才能有效地把印制管理工作做好。印制人员由于熟悉印刷技术，在图书生产过程中，通过合理的安排工厂、合理安排工艺，合理使用材料等等，最终以合理的成本费用完成图书的出版。因此，运用印刷技术做好印制管理工作，是出版印制工作技术性最好的体现。

出版印制工作的技术性，是指印制人员把掌握的印刷技术知识，运用于日常印制管理工作当中，并体现在印制管理工作当中。出版印制工作的技术性，是以印刷技术作为基础前提，与管理技术结合后产生的一门技术。该项技术的掌握和运用程度，将决定图书生产的质量和成本形成，从而影响出版社的经济效益。

二、出版印制工作的经营性

出版印制工作由于处在出版社内部运营中的特殊位置，且须承担图书物化的职责，正是这种将书稿变成图书的工作任务，使得出版印制工作就自然承担了出版社一定的经营责任。因为，在图书制作过程中的所有环节，均需要用经济成本去衡量。在市场经济日臻完善的今天，出版社与各加工单位之间是以一纸加工合同把“甲方”、“乙方”的经济效益截然分开的，那么代表出版社行使经营权的责任和角色，就自然地由出版印制人员去担当。而出版印制工作的经营性，在调控出版社整体资金运作、降低全社整体制作成本、理顺与税务的关系等方面，都会体现出来。

（一）调控出版社的流动资金体现经营性

在出版社年度支付的总费用当中，印制成本占了80%～90%，也就是说，如果分工明确、职责清晰的话，80%～90%的费用是经过出版部由印制人员以“印刷费”的名义支付给了加工单位的。在这个支付过程当中，出版印制这个环节就具有了经营性的要求。何时支付，怎样支付，支付给谁，支付多少，都成为出版印制工作经营的元素。在这当中，出版印制部门首先必须根据出版社当月资金回笼状况与财务部门协商好支付额度；然后根据所有加工单位承担加工任务的多寡和在制品种的多少，以及使用原材料的昂贵程度与后续发展前景等因素来决定资金支付。必要时，对资金支付还要适度从紧，以满足出版社其他决策之需。这里面的经营性程度发挥，既影响着出版社的整体经营活动，也影响着出版印制工作日后工作的开展。所以说，出版印制工作具有很强的经营性，而且其经营水平的高低将影响出版社的经营水平。

（二）降低出版社整体印制成本体现经营性

由于出版社的大部分支付费用是以“印刷费”的名义支出的，因此“印刷成本”的控制将成为出版印制工作经营性的最重头戏。由于出版社每年出版几百个甚至上千个品种的图书，用纸量少则几千令纸、几万令纸，多则甚至几百万、上千万令纸。因此，每个印张的成本状况，都会影响整体成本的变化。出版印制工作人员在日常工作当中，通过运用选择合适的厂家、合适的工艺、合适的机器设备，以及通过设计合理地选择封面和正文的材料等手段和办法，合理地、严格地控制每种书的成本，从而从整体上控制和降低出版社的制作成本，达到最优经营效果。出版印制环节每印张节约或多支付 1 分钱，出版社的印刷费每年可能产生几百万或上千万的差额。出版印制工作由于承担的任务而无形中也承担出版社的经营责任，并且在出版运作过程中是处于举足轻重的地位。由此，我们可以看到出版印制工作存在着非常强的经营性。

（三）平衡出版与税务关系，体现经营性

我们知道，出版社以及印刷加工单位目前均以“增值税”为主要纳税形式。而增值税的最大特点是以“销项”税抵扣“进项”税后按余额交纳。这就为怎么合理交税和科学交税留下了“经营”的空间。而在这个过程中出版印制人员为出版社的经营确实是发挥了很大作用的。首先，出版印制人员必须与财务人员进行有效沟通，每月须根据全社财务收入状况、回笼资金数量，并计算出“销项”应付税额，再根据应付税额测算出“进项”税额、支付印费总额和商定当月可支付给各加工单位的额度；然后再根据前面所述支付原则分配好支付单位，通知其开票额度和完善支付手续。出版印制工作的经营性由此可见一斑，如果出版印制工作没有经营性、印制人员没有经营意识的话，仅靠财务人员调控，是很难达到理想经营效果的，甚至最后影响社厂关系。所以说，出版印制工作存在着很强的经营性。

（四）合理采购和储备纸张材料体现经营性

在出版社支付给印制厂家的“印刷费”当中，约占 70% 的费用是纸张材料费，印刷厂的纯加工费是有限的。因此，我们可以说出版社在图书的用料设计当中，纸张都直接影响着图书的成本比例。根据各种图书的内容、外观质量要求以及印刷适应性，合理选用材料，将成为确保图书支付合理成本的依据。此外，由于出版社在纸张材料的使用过程中，都存在着习

惯性与趋同性。单一品种的纸张使用量越来越大，比方说，轻型纸、胶版纸，克重大量集中在60克、80克等等因素，都为出版印制工作自购纸张、储存纸张带来了先决条件。从近十年纸张材料市场的变化情况来看，随着国家对环境保护法律的完善以及政策性调控，使得中、小型纸厂和不达标纸厂“关、停、并、转”数量猛增，市场纸张的供应量将受到影响。也随着国家进出口政策调整以及国外市场的变化，“纸浆板”供应和成品纸进口也会受到影响，出版社纸张价格会有较大涨幅。由“买方”市场转向“卖方”市场的迹象已呈现。为此，出版社必须未雨绸缪，发挥出版印制工作的经营性，尽快筹划储备纸张原料，以应“纸荒”。那么，如何采购，怎样把关，如何按质定价等问题，都成了出版印制工作经营性发挥的内容。因此，出版印制工作存在着很大的经营性。

出版印制工作的经营性，它着力于根据每种图书的不同设计要求，以合理的印制成本去实现责任编辑、版式设计、美术编辑的意图，从而从整体上有效降低出版社图书的印制成本，体现出该项工作在了解、运用、贯通印刷技术的同时，发挥着经营性作用。并且，在出版社日常的经营过程中，通过调节资金运作、理顺税务关系、合理使用和存储纸张材料等等宏观性经营管理方面的技巧性发挥，展示出该项工作在依托出版社和代表出版社在经营管理中起着无可替代的经营性作用。

综上所述，出版印制工作的技术性和经营性是出版印制工作的本质属性。该项工作本质属性作用的发挥程度，将影响着出版社的经营水平和经营效果。有效地发挥出版印制工作本质属性的作用，将对实现出版社的经营目标有重要的保障作用。

出版印制的技术性与经营性，是相互制约而互补的关系。技术性是经营性的基础。没有技术性，出版印制工作则无法开展，谈不上经营性。因此，技术性是出版印制工作的基础，并直接制约经营性。经营性则是技术性在出版社经营管理中的应用与实践。如果没有经营性，出版印制工作则沦为纯粹的印刷业务工作。出版印制工作的经营性，是促进印刷业务、印制技术有效为出版服务的桥梁，也是出版印制工作的一种升华。

如果我们的出版印制部门和印制人员，不具备掌握出版印制工作的技术性和经营性的条件，那么，我们的出版印制部门将沦为稿件、胶片的“传达室”，印制人员将成为“通讯员”。技术编辑的称谓将因无“技术”含量和特点而无法与其他编辑比肩。因此，我们说技术性与经营性，是出版印制工作的根本。

完成时间：2009 年 8 月
发表载体：广东高等教育出版社
《嵌绿层层—广东省出版科研论文集》

在金融危机宏观经济条件下，出版企业未来的发展思路

2010 年美国次贷危机所引起的金融危机席卷全球，无论是哪个国家，还是哪种行业，都或多或少都受到冲击。大河没水小河干，中小型企业难免不受影响。在当今的经济环境下，出版印刷业在大环境受金融危机的冲击之余，还要承受具有本行业特点的剧变。因为在数字化图书与数字化印刷的冲击下，出版业与印刷业都承受着转型与业务量下降的压力。面对困境，出版印刷企业应该从以下几方面做好应对的工作。

一、人才的储备与使用

人才的作用自不用多说。首先，面对数字化的转型，应尽快准备专业化的数字出版、印刷人才，这方面不能被那些仅懂电脑使用的“数字人才”所误导。寻找既懂出版工作特性，又对互联网、电脑软件熟悉的专才，这样才能较快切入，快速掌握，少走弯路。其次，充分了解和真正做到人尽其用。数字化人才细分也不尽相同，有擅长设计、有擅长开拓、有擅长维护等等。把合适的人放合适的位置上，才能发挥最大作用。再次，是尊重人才。尊重人才是发挥人才作用的关键。最后，是逐步提高人才的素质。对已经使用的人才，也应及时地“充电”调整，让他们也与时俱进，更新知识。此外，应该全面、完整理解“以人为本”的理念；“用人、用能人、用实干的人。”

二、兼顾生产、销售与财务管理

出版业很难做到以销定产，印刷业可以。出版业在数字化转型在即仍然是先印后销，故库存产品成为其两难的选择。但

虽然如此，目前条件下，必须兼顾生产、销售与财务的关系。因为出版业仍然以生产码洋论英雄，以销售实洋论实力，两者既有联系但也不太紧密。而印刷业则必须以产定销，做到“排、印、装”平衡，“产、销”平衡，方能取得赢利。对出版、印刷业来讲，财务是两种不同的财会管理模式，印刷是生产、制作的工业会计，而出版是既有工业会计、商业会计的特点，同时又有独特的出版社财务管理模式的特点。如果不把握好这些特点，很难应对出现的困境。

三、调整产品结构

产品结构决定了市场的营利能力。出版、印刷业产品结构，目前市场上大体已有划分。一方面，高端与低端产品，其价格已决定了所服务的人群、方向，决定了成交的总值；如高端的画册印刷等，非一般印刷企业能承接。另一方面，产品的结构决定了市场营销的渠道，要改变也非一、两天能完成；再一方面，要研究市场的走向与需求，以及数字化后人们的习惯，快速调整产品的结构，抢占先机，方能摆脱困境。出版与印刷对产品结构的调整需求是一致的。

四、处理好企业发展与员工收入增长的关系

企业的财富是通过高层与员工的努力共同创造的，如果仅有企业的发展而员工不能从中得到劳动力价值体现的话，那么企业也不可能长久发展的。因此，在目前困境下，重新调整对此类问题的看法很有必要。应该树立企业发展与员工收益同步增长的思想理念。没有好的收入就没有好的员工，没有好的员工再多的订单也没法完成。没有员工的信息收集、积累作者队伍，要出书谈何容易。

五、处理好发展理论与企业现实现状的关系

理论与实际总是有差距的，再先进的理论也必须从实际出发，实事求是地接受实践的检验。在解决理论问题之前，首先

要解决企业现实问题。很多人认为出版业与印刷业是“有章可循”的，参照别人的经验去发展。但“同行如敌国”、“商场如战场”。在资源紧缺的今天，谁愿意把自身的发展经验全盘托出？谁愿意放弃营利的机会并拱手相让？结合自身的特点与现状，才能摸索一条适合企业本身发展的道路。

应对金融危机的办法很多，关键是否适合本行业、本企业。在应付危机之时，也还要看本行业的实际情况。不一定所有行业都受冲击，也不一定美国复苏了我们就复苏了；美国金融危机来与不来，行业危机就早已存在。

实事求是，踏实做好本职工作也许是最好的解决问题的途径。

完成时间：2010 年 6 月

影响和制约实施公司治理的因素

自改革开放以来，随着市场经济的深入推进，特别是众多的公司上市之后，以公司治理取代企业法人治理的企业经营与管理，日益为投资人与股东们所接受。对刚刚进入相对完善的市场体系而对市场经济未深入了解的大多数管理者和经营者来说，公司治理尚存在着很多的不完善因素。本人认为，在市场上众多的企业当中，特别是刚刚完成企业改制的大学企业来说，公司治理才是刚刚起步，还存在着很多制约的因素。

一、传统观念的因素

首先，在众多的企业、公司当中，由于受制传统观念的影响，根本没有从以前的以“人治、上级指示”甚至计划经济的环境中转变过来。对职能部门还是有依赖的心理。这就不可能主动接受公司治理的模式；其次，作为企业创业者，特别是在公司中担当领导者的主要管理者，不愿意改变过去一权独大的管理行为。这些因素的存在，都或多或少地对企业推行公司治理产生制约的因素。大学里的企业更是如此。

二、企业创办者的狭隘意识

在目前国内企业中，私营企业或者是民营企业，创业者大都以家族式的经营模式进行运作，更会固守传统的经营管理办法；而对在原国有企业中，以国有管理者的身份创办了企业，而又经过若干年的奋斗、努力，并且取得一定的业绩和行业地位的管理者，更是不愿意改变现状，建立公司治理的管理模式，他们往往认为建立了公司治理模式会制约了他们的权力。有的甚至安于现状，享受着国家政策给他们带来的优良业绩。狭隘的管理者意识，严重制约着公司治理模式的建立，更不可能完善其模式，直接影响公司的发展、壮大。

三、不规范的公司治理行为

在公司治理的行为中，董事会、监事会与股东大会等，都有其不可取代的职能，这些职能都有其不可取代性。但往往在现实中却是改变了形式，没有把功能发挥出来。如在中小型国有企业中的监事会制度，很多就形同虚设，根本没行使职权。如果说，在私企中董事长兼总经理是体制造成的常态的话，那在国有企业中就不应集权于董事长与总经理于一身，这样一来，经营风险增大了许多，往往总经理的错误行为和决策得不到制约。这种种的不规范行为，都影响和制约着公司的发展。

四、公司治理层级中的外行行为

在建立了公司治理层级的众多国有企业中，由于企业拥有者仍存在着上下级领导意识，董事会等所谓的关键部门仍旧被委派的高级领导者所占据，甚至还有行政级别，使得权力寻求者兴奋无比。殊不知这给企业带来了很多制约，这其中外行领导内行，使企业受到制约而无法快速发展。须知道，企业一旦错过了最佳发展时机，在行业内是很难改变排位与地位的。因此，我们认为，公司治理的各个层面，都应找相关的行家和专业人士担任。这样才不会出现外行领导内行的现象。

五、企业拥有者过多的干扰

作为公司拥有者或者大小股东，对公司寄予发展的厚望是可以理解的。但如果以此作为理由过多干预，甚至左右经营者的经营行为，使经营者的职能得不到发挥，那么即使建立公司治理模式，企业也得不到发展。

六、公司章程、制度的完善性影响公司治理的推行

股东会、董事会、监事会相关职能的划分，是根据《公司法》等相关法律规定和企业、行业特点制定的。全面完善

的制度对“三会”的功能发挥都有不可或缺的作用。同时，通过制定相应的制度使彼此间的权力、义务和责任明确，减少企业内损。完善的公司章程和各种制度，对推行和强化公司治理，有着促进和保障作用。

综上所述，由于我们国家实行市场经济的时间仍不算太长，对实行公司治理的企管行为也存在着认识与理解上的不全面性；同时，以人治到法治的快速转变也使得部分原从事企业工作多年的人士未能适应。实行公司治理模式后如何有效促使企业快速发展，成为从业人员须尽快解决的问题。相信在经济发达国家的公司治理模式、经验，同样可以为我国的各类企业所学习、掌握、应用，并取得良好效益。

完成时间：2010 年 8 月

出版运营现状简析与启示

社会的高速发展、科技进步以及人们利用先进媒体获取知识方式的改变，令图书出版业的经营管理日益严峻与艰辛。通过对行业现状的分析，结合企业运营理论的知识，从中理出解决问题的头绪，是我们解决问题应对困境的途径。

在下列存在的问题当中，既有出版业宏观的、行业市场的因素，也有作为微观的具体企业的现状。

一、新兴产业对纸介质的正面冲击

作为传统的纸介质出版行业，近年来面临着前所未有的冲击。电脑互联网的日益发展、通信功能的日益多元化，对传统的出版业造成了极大冲击。人们获取知识、信息的渠道不再是到图书馆查阅资料了。信息的传达与接收方式也由被动型转向主动型。每天我们的手机、电脑、电视等，大量的信息不管你有无需求的前提，都直接出现在你的视觉之内。同时，社会生活的快节奏，也使得人们生活的对一切要求急功近利。由此造成的是，全民纸介质阅读量急剧下降。日常中利用互联网查资料、寻找相关信息已为不争的习惯与事实。传统出版业已进入举步维艰的困境。

二、自我定位的不对等

作为大学出版社，本来应明确为大学服务，以出版高水平的大学教材、教辅、专著为重要的出版方向与重点。但这些年行业中以追求高利润的为主要目的的出版经营行为，已严重游离了自己的定位与特色。大量出版普及性的社会读物，追求的是印数上的增量。据国家新闻出版署的统计数字，在全国年出版的品种中，2008 年为 25 万种，到 2009 年已增加到 32 万种，而其中有大量的重复出版和大量的社会读物。很多的大学出版社已以出版社会读物为伍。自身定位的不对等、不明确，使得大学出版单位发展困难。

三、对市场判断不准确

对市场了解的不透彻，使得目前大学出版社存在着大量的图书库存。这里面既有过去过分乐观而造成图书印量过大的积压，也有经营失误与客户原因违约造成的堆积。对市场的不了解、不敏感、不透彻，是造成经营失误的主要原因。对市场判断的准确性，很多时候要依靠科学的市场调查和丰富的经验积累。我们可以这样说，出版是一个传统的老行业，他要求从事该行业的人员要有丰富的积累。有了丰富的积累才能对市场做出准确的判断。仅仅依靠市场营销、管理的理论是难以应对的。

四、内部控制流程调整与管理不到位

企业运营必须结合行业的特点建立符合自己的运营流程；没有科学合理的流程管理，就没有可能满足市场、客户需要的工作效率，就没有良好的经济效益。目前很多的大学出版社对自身内部的产品生产流程调整、控制不到位，无法做到高效率低成本运营。运营成本过高，但却在产品的单个成本上严格核算，可谓本末倒置。有些甚至是大进大出，无法做到单品种成本核算。建立健全严格的流程管理控制体系，会对大学出版社带来良好的经营效益。

五、没有科学的经营管理理论

树立科学的经营管理理念，实事求是地解决经营管理当中的实际问题，是目前出版行业当中应对困境的办法与途径。盲目的以个人意志和树立个人英雄主义的观念，甚至不作科学论证的经营行为，只能给大学出版业带来灾难。

六、没有解决出版运营的核心矛盾

出版管理以财务为中心，财务管理以成本为中心。成本已成为企业运营管理的核心问题。目前大学出版社在内部管理与运营问题上，存在着重销售轻管理，重印数轻成本的问题。经营成本、管理成本过高的矛盾比比皆是。有效解决企业的快速反应能力、降低企业运营成本，提高产品质量满足客户需求，是保持企业的成长和盈利至关重要的一环。因此，解决核心矛盾已成为目前大学社各项工作的首要工作内容。

综上，目前出版业已面临着严峻的考验，这些考验既有着时间上的约束性，也有着如同是非题一般必须给出答案的必答题，没有人能回避。试图以消极的方式、以行政管理的理念与方法、以一般公司经营的形式、以纠集几个高学历者简单地去应对的行为与方法等等，结果都是令人发指的。因为今日之出版业，市场细分已完成，行业的垄断已经形成，加上市场的下滑已成态势，仅依上述方法难以破解困境。唯有积极依靠现有力量，根据行业及本企业的实际状况，实事求是地征求各方意见，选择一条发挥自身特色与特点的道路，这样，也许能从中杀出一条血路来。

完成时间：2010 年 11 月

后转制时期：大学出版企业人力资源管理的现状与应对的策略

大学出版业从2007年起，按照国家新闻出版署的要求，陆续实行企业化转制，大部分大学出版社在今明两年完成此项工作。也就是说，转制后，大学出版社由原来的事业单位转变为面向市场的企业。转为企业后，必须构建符合现代企业管理的规范化公司治理结构；而全面的、完善的企业化管理，离不开科学的人力资源管理制度。

后转制时期，大学出版业在面临着与地方出版社同样存在问题的同时，由于大学社本身的特殊性，使其又存在着与自己的个性同质的问题。有效地分析、解决目前大学出版业的个性化问题，将有效地促进大学出版社快速地直面市场，快速适应由体制的变迁到为制度、经营策略的变迁而带来的总体水平变化，才能在市场上占有一席之地。

一、存在问题

（一）缺乏高端人才

目前，很多大学出版社副高职称以上的人才缺乏。主要原因，是改制时一部分人才回流学校当老师，这里面很多是高端人才；另一个原因是国家职称改革步伐慢，仅留有中级以下的出版职业资格考试，通过后由各出版单位聘用。但副高以上职称却仍沿用旧的方法，由原有高级职称评审权的单位按原方法评定。由于改制后大量的合同制员工已不属学校人事部门管理了，而由于大学具备相关的职称评审权限，地方出版管理部门一般不予评审。因此大学社和这些合同制的员工被边缘化了。原在编的老编辑回流加上新编辑体系的不健全，使出版业高端的人才流失了，使大学出版社逐渐失去了对高水平书稿选题的判断能力，由此造成的严重后果将在未来逐渐显现。

（二）缺乏合理的激励机制

由于长期与学校的财务体系接触，甚至长期沿用学校的财务管理系统；也由于大多数出版单位的法人代表不参与经营、不熟悉出版业的经营行为，使得大学出版业缺乏合理管理模式和合理的经营理念，以至于在出版经营管理中缺乏有效的激励机制。大部分的大学出版单位对员工制定的激励机制标准都不敢超越学校同级别职称人员的收入水平。由于激励机制的缺失，员工的劳动价值无法得到企业的认同，使员工工作积极性不高。当然，这也包括员工通过自身的努力，真金白银地在市场上收回来的款项。由于缺失灵活的激励机制至使出版社员工的贡献无法得到理想的回报。

（三）绩效考核工作不到位

人力资源管理的理论告诫我们，绩效管理是保障企业战略和目标落实的强有力保证，同时，也是企业可持续发展的长效机制。作为对员工价值的体现、对员工一定周期内的检查，最好的方式莫过于绩效考核。因为绩效考核能充分体现各人的能力和贡献，同时也是兑现考核周期内组织目标制定的合理性。目前大学出版社很多还做得不是很理想，大多数单位沿用学校的办法，发张表填一下，内容以虚的为主，走过场。甚至用对行政机构考核的手段与方法，没有按计划、指标考核。造成干多干少一个样，贡献大小一个样。

（四）薪酬管理不合理

大多数的大学出版社沿用两套薪酬方案，一套是原学校编制人员的与学校标准一样的方案；另一套是外聘员工由出版社自己制定的标准。而且通常是后面的标准没有前面的标准高。既没有统一的薪酬标准、方案，也没有合理的薪酬结构与级别，难以对员工及岗位进行合理的用人和调配。薪酬的不合理同时也导致员工积极性不高、绩效考核不能全面实施。

二、解决的方法

对上述问题，可以通过运用人力资源管理的原理，结合行业的情况去解决。

（一）营造良好的企业文化留住人才

外界看来，大学人才济济，大学出版社也应人才济济。恰恰相反，由于大学社在大学教育理念的影响下，多年来未能按照出版的行业特点运行，通常被过多的提倡为教学科研服务、为本校服务而错失发展良机。同时，由于理念的不同，未能在人才，特别是高端人才的积累上树立正确的方法与行为方式，造成人才流失、特别是高端人才的流失。要知道，出版业是一个非常讲究积累的行业，没有时间的积累、没有经验的积累、没有工作案例的积累，特别是没有各梯级人才的积累，要想在目前状态下快速发展是不可能的。进入二十一世纪，市场竞争早已演变成人才的竞争，出版业也不例外。因此，要解决大学出版社目前的人才困境，首先要营造一种良好的文化氛围，营造造才、爱才、用才和留才的工作环境，并创造各种条件为之服务。尊重其劳动成果，奖励其工作业绩，允许其在所研究和关注的领域内探索。其次要允许人才有个成长过程和适应过程，甚至各种因素的积累过程。任何掠夺式的用人政策，最终只能导致的是人才流失。此外，解决目前大学社员工职称的一个可取办法是由学校出面委托地方新闻出版单位，比如出版局等，对大学出版社的员工，特别是合同员工进行职称评定，彻底打通人才成长的通道，从长远来看，这样才能使出版社人才不出现断流。

（二）构建合理的激励制度

适当的激励能使员工对工作及自我目标的实现充满动力，通过个人业绩的实现而使企业、组织的愿景实现。而合适的激励措施、激励力度、激励时机对员工的作用是不尽相同的。出版行业由于此前也算利润较高的行业，员工的福利、薪酬收入不算太低。早些年给予一定的经济提成，就能推动其工作的动力；而经历了这么多年后，原有标准已不能构成对员工的刺激。因此，重新对所在组织进行评估，并根据自身特点与行业变化的情况，及时调整激励政策与奖励标准，使激励力度真正发挥作用事关重大。如目前大学出版业对超额完成任务后的奖励标准从原来的“一套沙发”变成了“一辆汽车”，甚至于“一套房子”，其奖励力度真可谓与时俱进，这样，员工才有动力，企业才能发展。所以说，构建合理的激励制度，是促进大学出版业发展的有效办法。

（三）制定合理的绩效考核制度

出版管理以财务为中心，财务管理以成本为中心，成本管理以绩效考核为手段。在一个经营时期，企业的经营效果如何，都必须以经营期终了时，其绩效考核作为主要的依据。因此，企业必须在经营期结束后，实施以绩效为中心的考核制度，从考核中把经营期内存在的成绩与问题呈现出来，以检验之前目标制定是否合理、各部门、员工是否完成了目标，再从中对比，排出高低业绩员工。在这过程中，应以部门、岗位的职责和原定经营指标作为考核的内容，突出经营数据。为此，我们每一年度的经营方案便成为员工努力的方向和度量业绩的尺子，制定适度的合理的经营方案成为绩效考核的前提条件。通过绩效考核制度的实施，才能兑现激励政策，才能激励员工在下一个经营年度发挥更大的作用。

（四）制定宏观的薪酬制度

薪酬是员工在企业服务的风向标，也是企业对员工回馈的体现。在企业内每一个岗位，都体现员工的价值与劳动价值。同时，作为企业内的每一名员工，都希望得到一视同仁的薪酬待遇。大学出版业目前薪酬的双重标准，在一定程度上是对合同制员工的一种打击，因为同工而不同酬。因此，一方面我们必须要制订一个统一的同工同酬的薪酬方案；另一个方面在制订方案时必须建立多层次、全方位的薪酬方案，使员工有上升的空间；再一方面，要宏观地制定方案，而非单一的头痛治头，脚痛治脚的补丁式薪酬方案。这样才能使员工信服，才能使员工为企业服务。

三、附则

企业管理理论内涵无穷无尽，运用于企业实战当中也不尽相同。人力资源管理理论对企业在新时期的应对实际情况有现实指导意义。把该理论与企业的具体情况相结合，定能有效解决企业难题，从而使大学出版业继续辉煌。

完成时间：2011 年 1 月

作者队伍资源：大学出版界的核心竞争力资源

当今的出版业，不论是市场资源的竞争，还是渠道和销售方式的竞争，都已呈现“白热化”的程度，这是事实。同时，数字化与电子化日益侵蚀着图书市场的份额，也日益成为出版行业所焦虑和关注的焦点。

与此同时，国家管理部门为了国家利益，以及在国际上的影响和提升我国的出版竞争力，制定政策重点倾向、引导、保护部分出版企业，打造几艘超级出版的“航母”在世界出版的市场上，与之抗争，已成为一种共识并逐渐成为事实。

在后转制时期，国内出版市场、各出版社的竞争加剧已成为公开的事实。如何在市场状态下，通过发扬自身优势，获取经济效益的行为也日益明显。如何分析、发掘出版社各自的核心竞争力，抢占市场份额已成为公开的秘密。

大学出版社的优势在哪里？具备在市场上与强大的对手竞争的优势又在哪里？也成了经营者们思考的问题。

在出版界，细分其原有的各种资源，我们会发现，早期的资源中，书号资源、内容与渠道、团队与个人、地域与品牌之争已逐渐淡化了，取而代之的，最后都涌向了作者队伍资源的竞争。以前对相同内容的东西，随便找个作者写完一出，总是有市场有销售，效益也不错；但现在不行了，同样的内容必须要看是谁创作的，作者的名气成了读者购买选择的首要因素。也就是说，在市场的竞争当中，作者队伍资源的竞争成了各出版社竞争的首要因素。

在论道作者队伍的拥有和优势，大学出版界是有其优越性的，不经意间，作者队伍资源的优势，成为其大学出版界的核心竞争力资源所在，只是很多大学出版社还没有意识到而已，甚至渐渐把其优越性拱手相让了。

我们可以从以下几个方面，去分析在大学出版界里，作者队伍资源的核心竞争力价值。

一、大学出版界核心竞争力资源存在的可能性

（一）作者资源队伍具备丰厚的价值性

在出版界里，当有出版的愿望、方向时，把某些尚未成形、成书的作品，业内叫“选题”。每一个出版社的所有选题，其来源都离不开作者的创作劳动。在各色各样的选题中，出版社寻觅着各自所合适的，然后编辑加工投放市场，获取经济效益。相对于市场而言，似乎出版者是图书内容的提供商，并发挥了很大的贡献。但实际情况是作者才是最大的内容提供商，没有作者、作者群，出版社就没有了选题来源，是难以生存下去的。相反，由于作者为出版社提供了丰厚的作品，出版社由此获得了丰厚的价值回报。也就是说，作者为出版社充分挖掘外部资源提供了很充裕的机会。作为大学出版界也不例外。由于大部分的作者，是供职于大学校园，很多的研究机构也在大学里面，大学置身于学术前沿，自然很多的学者就成了作者，大学出版社出生于大学，根植于大学当中，拥有这种优势资源成为自然的行为与现象。因此，大学作者资源对大学出版社、大学出版界来说，具备了丰厚的价值性。

（二）作者资源队伍具备极度的稀缺性

从社会的角度上说，具有一定的水平和悟性的作者，大部分在高校和科研机构，高等学校成了知识分子最集中的地方。以目前出版市场的分类来看，部分畅销书为社会性读物外，比较有把握和生命力比较强的书，基本上是各层级各种教材、教辅图书。而这些图书的出版者，都是以大学出版社为主的，具有一定的权威性。大学出版社所在的学校，基本上都是本地区规范、实力、水平比较高的大学，由此自然拥有了这些资源。相对于社会上的出版社来说，大学出版社所拥有的作者队伍资

源，成了稀缺性的资源。上世纪80年代，由于缺少大学出版社，社会上的出版力量没法满足大学作者的出版需求，造成高校作者的不满；而近年来，很多社会上的出版社在争抢资源时，不断进驻高校；最近几年社会作者著书的人逐渐减少，造成选题减小，就是最好的例证。因此，我们认为，大学出版界拥有的作者队伍具备极度的稀缺性。

（三）作者资源队伍具备难以模仿性

前面已提到，大学出版界以出版教材、教辅为主，且植根于大学之中，与作者近距离接触，这种模式是很难模仿的。大学的作者为大学出版界提供了丰富的出版资源，主要的原因：一个方面在大学工作的人员具备较高的学历与科研能力，拥有较好的写作资源与氛围；另一个方面，大学的作者每天上课或科研，都与教学相关，对教材、教辅的认识非常到位；再一个方面，掌握着国家相关前沿的各种信息和得到国家相关的课题经费。这几个方面都优于社会作者，从而给大学作者资源队伍资源带来了外界的难以模仿性特点。因此，我们说大学出版界拥有了大学里的作者队伍，同时具备作者队伍资源的难以模仿性特点。

（四）作者资源队伍具有相对的无法替代性

虽然说，大学界具备这种优势资源，由于没有硬性的法律规定大学的作者只能在大学出版社出版作品，同时，由于地方出版单位的挖掘，使得大学出版界的优势不能绝对的占有，大学出版者的优势地位有被地方出版社替代的可能。能否被替代取决于三个方面：一个是大学作者对所在大学出版社或其他大学出版社品牌的认可度；另一个是作者对所在大学及大学出版社的归属感；再一个是大学出版社的出版积极程度。只有具备上述几方面的条件，作者才愿意在大学出版社出版作品，否则的话，会另辟途径出版。也就是说，一旦条件不被满足，大学出版界作者资源队伍的优势是会被替代的，而大学出版社仅拥有相对的无法替代性。

从上述四个方面来分析，大学出版界是拥有作者队伍资源的核心竞争力资源的。但从现实来看，这种核心竞争力资源并非一成不变的，因为这种资源是活生生的人。如果大学出版界在实际运营过程中不加以重视并采取相关措施力保与维护这种资源的话，那么假以时日，这种优势会变成劣势，作者队伍资源就会慢慢流失的。那么，我们应该怎样才能确保资源不会流失呢，采取一些相关的措施，对强化作者队伍资源优势是会有帮助的。

二、保持大学出版界核心竞争力资源的措施

（一）加强对作者队伍的培养

对大学作者队伍的建设，应持之以恒。前面已经提到，作者是大学出版社赖以生存的基础，拥有作者队伍是大学出版社的优势，那么在现实的经营活动当中，应当重视对作者队伍特别是本校作者队伍的培养。在作者队伍的培养方面，既要注意对风华正茂的高产出作者队伍的培养，又要对青年学者的培养给予投入；既要对本校各方面的尖子学科给予重视关注，又要观察各学科在国内外的学术动态；既要关注本校，又要关注外校。这样才能扩大作者队伍的核心竞争力。

（二）保持经常性的沟通

保持与作者的经常性沟通很重要。经常性的沟通能及时了解作者的写作动态、科研进展情况，同时还能对作者提供一些出版方面的帮助。通过与作者的沟通能够扩大作者群，还能提高出版社编辑人员的学科知识与信息。没有沟通很难保持长久的合作。因此说，要保持作者队伍资源的核心竞争力，必须保持与作者的经常性沟通。

（三）密切关注学科动态

大学出版界要保持作者队伍资源的核心竞争力优势，就应该让编辑，特别是对所关注的学科委派熟悉的编辑，然后要求编辑密切关注该学科的动态。这样做的目的，一方面能保持与作者沟通过程中不说外行话；另一个方面确保出版的作品学术水平在业界处于前沿的水平。要关注学科动态就必须要求编辑要有敬业精神，要具备扎实的专业基本功，要善于收集学科的信息与动态，保持与作者对话的等价、等值关系。

（四）尊重作者的劳动成果

对作者的尊重是体现在多方面的，但通常比较直接的是对其书稿作品的修改与删除，还有就是体现在其劳动价值的稿酬方面。如果不能“按劳付酬”、“按质付酬”、“按效益付酬”，要建立稳定的作者队伍谈何容易，更勿论长久。因此，尊重劳动成果，恰当支付报酬，是大学出版界稳定、巩固作者队伍的有效举措。

三、结语

在国内市场经济日益完善的今天，图书出版市场也由以前不顾一切，只要是书都可以卖的卖方市场，变成了今天的读者买书要货比三家的买方市场；大学出版界也由原来拥有很多优势如书号、品牌、资金等的事业单位，变成了今天的以市场、效益为中心的企业，其原来众多的资源中也逐步仅余下作者队伍资源的优势了。而图书市场在经历了各式各样的发展、膨胀之后，内容决定一切、内容为王的说法终于让喜欢阅读的人们回归了理智。一流的作者才能写出一流的内容的图书，这是不争的事实。拥有好的作者队伍，确保良好的作者队伍资源优势，成为出版业的共识；大学出版界在拥有作者队伍资源优势的同时，应理性地认识到行业竞争会使资源优势互换。如果对优势资源不进行维护保护，很快将失去核心竞争力资源。因此，为了使大学出版界能在市场竞争中得到良好的回报与长久的发展，认清时局，与时俱进，确保作者队伍稳定将成为关键的一步。

完成时间：2011 年 3 月

书刊印刷企业提高经营效益的有效途径

改革开放30年来，我国的印刷业得到了快速的发展，主要表现在印刷厂数量的增加、印刷机数量的增长、工艺的先进、印刷效率的提升和产能的大幅度提高等方面。印能的有效增加，为我国新闻出版和文化产业的发展提供了极为有力的支持。

但是，在该行业快速发展的过程中，我们也可以看到一个怪异的现象，国内书刊承印价格越来越低，很多的印刷企业根本不能以自身的经营力量进行扩大再生产和进行设备更新换代，很多新建的印企是从别的行业资金转移进入而已。老的印刷企业，特别是原国有的印刷企业，逐渐在目前的工艺革新、数字化替代及纸介质印刷品减少的过程中，陷入自身发展的泥潭当中，无法自拔。

我们运用当代管理学专家波特的五力模型理论进行分析，便可知该行业目前的困境。从客观环境上分析，由于最近的十余年里，印刷业的准入门槛降低，大量的游资进入，造成印刷企业数量剧增，新进入者把产业利润率推向新低。作为印刷业的供应方，纸张供应及油墨、版材的供应商有绝对的砍价能力，说提价就提价；作为印刷业下游买方的客户具有同样的砍价能力，不能提价，否则难成交；最后是全行业都面对着被数字化电子书替代的问题，纸介质实物书市场份额的总量在下降。这种外部环境的压迫，最终造成印刷企业的利润空间被完全挤兑掉。

当然，印刷行业总体赢利能力的不高，究其行业的主观原因，一方面主要是由于印刷业的本身加工性质决定的。印刷企业没有自己的主要产品，一切依赖客户的订单，没有订单则无法生存。这就为作为买方的客户疯狂压价创造了非常好的谈判条件。另一个方面，印前大量准备环节的行业特点决定了其必须有较大的印量方能赢利。此外，印刷业本身“多环节”的加工特点、工艺，也决定了其赢利水平的高低。如果以利润、利润率高低为标准排列的话，那么，业内丝印凹印比平印要高、特种印刷比一般印刷要高、彩色印刷比黑白印刷要高、零件印刷比书刊印刷要高。

书刊印刷这个项目，从计价收费到实际印刷厂的利润、利润率，无可否认地成为印刷业中最低的印刷项目。如果以工序计算，书刊印刷必须经过的工序要比一般印件要多，因而其成本也比较高，但偏偏收费较低。也许以为书刊总是大印量的缘故吧。熟料到，改革开放 30 年的跨度，其书刊的单品种印量已是大幅度的下降了。在改革开放初期，书刊印刷（教材例外）以 30000 以上起算，30000 本以下为短版，须另加短版费；而现在 30000 册印数为长版了，大多数图书印数为 3000 册左右。据中国图书商报的报道，全国图书单品种印量已呈多年下降的态势。

面对书刊印刷的超低价甚至零利润运行，作为书刊印刷企业应如何面对呢？根据笔者多年的观察与实践，从以下几个方面入手，可以有效提高书刊印刷的经营效益。

一、杜绝事故的发生

事故是书刊印刷成本增加的首要原因。书刊印刷在企业的运作过程中，由于本身的页面多等原因，加上书籍本身要求的如过塑、勒口、插页等，以及上 UV 油甚至啤压等工艺要求，使得书刊在印刷企业内必须经过排版、拼版、晒版、装版、印刷、折页、配帖、胶钉等众多的环节，而这些环节都要确保质量达到相关标准，最后的合成成品才能合格。一旦某一个环节出现差错，将造成返工浪费、报废，人工成本增加、纸张材料增加。事故造成的书刊的直接经济损失，还表现在打乱原有生产计划、占用设备使用率，从而导致整体效益下降的方面。目前书刊企业大部分靠规模获得效益，主要依靠高产量维持薄利，甚至仅仅够支付企业基本的平均成本。如果每天或每月的印刷计划被“事故书”“返工书”打乱的话，将造成总印量的下降，从而造成效益下降。同时，一本书的事故损失，将导致好几本书的印刷没有利润可言。那么，要确保书刊印刷过程不发生事故或少发生事故，必须建立质量监控体系。印刷企业比较有效的质量监控办法是要求各环节层层把关，确保本工序不出事故。作为宏观控制，企业应有总质检与总控制；微观上各工序有单环节把关，重点在印前控制和印中控制；如果能建立立体的质量监控体系并付之运作，就能把事故的隐患消除。只有杜绝了事故的发生，书刊印刷企业才有提高经济效益的可能。

二、维持排、拼、印、装的生产平衡

均衡才能使产能最大化，现代的汽车生产线给我们以足够的启发。在汽车生产流水线上，一般来说平均每十秒钟就出一台，你能说生产一台汽车只需要十秒钟吗？如果我们单独安装一台汽车可能要几天的时间，但在流水线上由于各环节效能最大化后，仅用十秒就完成了。印刷行业的管理理念也是一样的，要使一个单独的企业组织经营效率、效益、效能最大化，必须将排、拼、印、装等几大环节，以及辅助工艺等都处于满负荷的平衡的工作状态，这样才能产生最大化的产能。任何前松后紧、或紧或慢、时有时无的生产状态，其产能都不可能达到理想化与最大化，书刊印刷业尤其是如此。书刊印刷业的批量性、多品种、同质性的加工特点，为书刊印刷企业实现生产平衡带来了便利。同时，我们知道，书刊生产要靠大量的机械去完成，这些机械的采购与拥有，在财务管理上对折旧也有时间和金额上的要求。因此，必须最大限度发挥设备的作用。通过合理安排平衡排、拼、印、装等各工序的生产效能，运用易难结合、长短结合、平台轮转配合等方法，发挥各环节生产能力的最大化，是每个印刷企业提高经济效益的有效途径。

三、提高总体的生产效能

生产效能主要是衡量印刷企业的生产状况与生产能力，也可以看到印刷企业的经营理念与管理水平，甚至可以体现印刷企业的企业文化和价值观。通常我们所看到和感悟到的生产效能表现在产值上和产量上，因为这是一个较通用的判断企业生产效能的标准。同时，这作为一个财务管理的简单的办法，也要求企业提高生产效能。因为只有生产效能、产量上去了，产值、回款才有可能高；只有产值、回款高了，成本才能被分摊掉，才有利润可言，否则企业将处于亏损状态。书刊印刷企业要提高产能，一方面要客观公正地分析目前现有设备的最大产能与员工工作效率，以寻求设备利用的最大化。另一个方面是客观准确地统计出目前本企业的业务总量与所拥有设备的产能是否匹配，以调整各环节设备品种、功能、数量为其解决之道。在此前提下，协调好员工与设备的“人机关系”以达到生产效能最大化的目的。越是以靠近平均成本线价格承印的业务，就越要以大印量的产能去弥补利润。总体产能的最大化，是书刊印刷企业提高经济效益最有效、最明了的办法。

四、有计划的依法交税

税费缴纳是每个组织和公民应尽的义务，但如何根据相关法律的规定合理地交税，则是有待探索的问题。即使是在有高额利润回报的行业，合理交税也是一门学问，对已经没有太多利润空间的书刊印刷更应做到有计划依法合理交税。以目前实施的增值税为例，总体上的平进平出，理论上是没有增加税量，但分次或单品种结算时，谁又能保证税量不会增加了呢？书刊印刷企业要做到有计划的合理交税，首先应对本企业全年的生产总值和前几年的平均缴税税率有合理的对比与计划。一方面确认已交税费的比例，以确定在核定计价业务中应缴税的实际数量。另一个方面对全年应缴税费总量做到心中有数。其次要对本书刊印刷企业的业务流量进行分析。要摸清掌握本企业业务流动的特点以及周期，适度调节收费的时间与周期。避免高峰期多开票而无进项抵扣，多交税；业务低谷少开票造成进项溢出而浪费等现象。再次利用政策许可免税。充分利用如转制、企业重组及科技项目创新的政策性条件，申请免税或返税。通过加强对每次缴纳税费的计划与控制，使书刊印刷企业能依法合理地缴税，从而减轻负担，增加书刊印刷企业的经济效益。

五、建立有效的废物回收制度

如今，绿色环保的理念已深入人心，废品回收产生的收入，已成为书刊印刷企业利润的主要来源。在书刊印刷业，废品主要指成品裁切后的纸碎纸边、旧 PS 版、报废的事故书、纸板甚至废显影液、木箱纸箱等等。由于在对外的正常计价报价上已无利润的空间，很多书刊印刷企业把营利的重点放在能有多少边角废料的买卖上了，这在通过竞标揽生意的时候尤为常见。对书刊印刷来讲，一个印张印 3000，用纸为 3 令，其废纸边为 30 克－50 克，该书如果是 10 个印张，那么这印件的基本用纸量就是 30 令了，其废纸边为 300 克－500 克了。由于纸张、材料的吞吐量较大，上述废品的量也随之增大，回收款也增大，这也是书刊印刷的一个特点。上述各种废料的回收不但对环境的保护、资源的再生产生积极性作用，同时对书刊印刷企业提高自身的竞争力、树立环保经营形象也有不可低估的作用。因此，我们在经营过程中，建立健全各种废旧品的回收制度，给企业的后工序创利提供完善的制度。

六、合理采购纸张材料

纸张是书刊印刷的主要耗材和主要的原材料。在一般情况下，书刊的印刷报价，大约 80% 为纸张成本，而且随着印数的变化，其在印费中占有比例越来越高。降低书刊印刷成本，提高书刊印刷企业利润，纸张成本的控制首当其冲。由于书刊印刷企业自身并不能产纸造纸，因此合理采购纸张，从源头上采取措施控制成本就成为其必然。要以合理的价格采购纸张，首先要对本企业全年用纸心中有数，有基本的采购基数，为谈判奠定基础；其次要对服务对象的书刊用纸的规格、克数、纸质等作统筹兼顾；再次是相对集中供应商供货等。经济社会以合同作为相互制约的要件，通过预测总体成交批量把双方的计划、条件、价格、送货时间、地点等以书面的形式确定，对己方和供方均有好处，从而使利润最大化。合理、优惠、优质地采购纸张材料，成为书刊印刷企业提高经营效益的主要渠道。

七、获取边际收益

管理经济学的理论告诉我们，所谓边际收益是指最后增加一个单位商品的销售所引起的总收益增加。在书刊印刷企业林立，竞争激烈的印刷市场中，边际收益理论有其独特的作用与意义。在现实生活中，很多的书刊印刷企业承担着房租、水电、设备折旧、工资、贷款利息等待的经营成本，并整日为其劳碌。加上收费低廉及利润微薄，一年到头基本没有多少利润可言，而且企业的平均成本居高不下。一旦参与投标竞价，所报价格基本没有竞争优势，使企业的市场份额越来越少。运用边际收益理论，改变我们原来的观念与思路，灵活承接“边际印件”，获取边际收益。对此，我们要做到一方面我们要对企业年度的业务总量、成本总量有科学的计算与预测；另一个方面要对企业运营过程中实现计划、进度心中有数；再一方面随时通过企业的数据监控管理分析掌握企业平均成本、平均收益的情况，对市场中出现边际收益大于边际成本、边际成本低于平均成本的现象或机会时，运用边际收益的理论及时捕捉商机，增加经营效益。

八、建立数据监控制度

数据分析与数据监控是企业不可忽视的重要管理手段。很多的书刊印刷企业，特别是中小型企业，忽视对企业数据的分析与数据监控，从而造成企业管理制度的缺失。书刊印刷的极度微利行为，使得书刊印刷的施工过程必须谨小慎微处处节约，容不得浪费现象的出现。在日常工作中，我们应该对生产效率比如每台机的产量、每个工人的产量进行分析；对用纸量进行跟踪；对生产消耗比例进行分析；对人均生产总值、人均创利等等进行数据对比分析。这些都应以每月每季、半年、一年进行汇总分析、对比。对书刊印刷企业的数据监控与跟踪，还应有一个持续的过程，不能半途而废，这样才能对本企业有全面、科学地了解和掌握，才能对书刊印刷企业发生的状况做出科学的及时的决策；同时，细致的数据管理行为和制度，也能增强书刊印刷企业对外的竞争力。书刊印刷企业建立数据监控制度，对本企业从整体上改善管理方式、提高管理效益提供有力的支持，从而也为经济效益的提高提供有力的支持。

综上所述，书刊印刷企业正在经历一个非常微薄利润的时代，如何在竞争激烈的市场中占有一席之地，如何使书刊印刷企业在竞争中通过自身经营潜力的挖掘进而实现自身的良性循环，是摆在每位书刊印刷管理者面前的必答题。同时，管理无止境，把现代管理的原理与传统古老的书刊印刷业经营相结合，切合实际实事求是地解决书刊印刷业的营利难点问题，是每一位书刊印刷工作者的历史使命。在书刊印刷如此薄利的今天，相信广大书刊印刷企业的经营管理者们，通过自身的努力，能够再创书刊印刷业的新辉煌。

完成时间：2011 年 8 月

发表载体：《广东印刷》第四期

企业投资决策及颓势解局

——以某印刷有限公司投资决策为例

某印刷厂成立于20世纪50年代，主要由某高校投资为主，当时主要为了解决该校校内各单位的办公用品问题而建立，其中为解决该校的理科学报外厂无法印刷成为主因。建厂以来，该厂也一直以为学校服务为中心，根本没有承接多少校外的业务。

2007年，该高校产业集团把南北两个校区的印刷厂合二为一，组建了目前的印刷公司，两厂前后累计投资近千万元。目前尚有该校原在编老员工近二十人。由于大的外部环境问题，也由于内部种种的经营管理问题，致使该厂近十年来，没有真正意义上的营利，甚至由于连续的投资管理失误，导致目前仍欠2007年以前的私人债务30万元、欠产业集团217万元、欠2010年12月份以前学校房租72.5万元等没有能力偿还。由于设备已严重落后、技术人才欠缺，该高校内各单位每年共约4000万元的印刷业务量，仅有极少部分在该厂制作。目前全厂工人人均月收入在2200元左右，大部分的合同工在1600～1700元/月左右。至2010年底，该厂仍处于实质性亏损状态。作为投资方的某高校基本没有得到过资金利润的回报。

2009年根据教育部的相关文件规定，该公司改制为具有独立法人性质的企业。

为扭转投资决策回报不足以及该公司的颓势局面，2010年11月，该校产业集团对印刷公司的领导班子进行了改组，宣布任命了新一届领导班子。班子成员除具备印刷专业知识外，全部为大专以上学历。随着新的班子工作开展，该公司的各项工作会有实质性的改变。目前已完成了各种规章制度的制定与完善，其经营思路比较清晰和可行，其财务管理也会按相关规定实施正规化操作。

经过新领导层细致的了解与分析，要想在三五年内解决投资回报的问题，并彻底解决公司的发展问题，必须对该印刷公司分别采取“制度完善创效益、结构调整创效益、严控成本创效益”三个阶段，才能对该企业的投资抱有回报的希望，同时，通过宏观发展的战略调整，才能彻底解决颓废的局势。

一、制度完善创效益

本来作为一个老国企，有近60年的经历应该有较完善的管理制度与措施，企业运营的各方面也应该有规章制度制约才对。但现实与想象有很大的差距。由于制度的缺失导致经济效益下滑，投资回报自然没有。近10年来，基本上处于下滑状态。亏损的原因首先是学校不够重视；其次是领导者管理知识缺乏，没有领导能力；再次是管理决策失败。这些问题如果是制度完善又何以能得逞。

目前状态下，首先通过制度的完善即可创造效益。针对该公司的混乱与管理水平的低下，通过制定各种规章制度，规范行为模式，就能创造效益。2010年基本通过制度调整，实现该公司账面上收支大体平衡，初步见效益和投资回报的希望。到2010年12月底，资产总值由年初的630.18万元，增加到687.87万元，利润为3.8万元。

二、结构调整创效益

结构调整在该公司来说，主要表现在两个方面：一方面是根据设备的特性，将以前什么都做，调整为以做书、刊为主，兼顾所在学校的部分散件。另一个方面是对书刊比例结构进行调整，把以做期刊为主调整为书刊兼顾并增加书籍印刷的比例。

结构的调整其直接的好处是增加产量、员工工资、降低税额，为增加投资回报与投资效益奠定基础。为该公司扩大生产规模与市场份额做好准备。

结构调整后，该公司的产量会大幅度增加，从而促使全公司经济效益的增加。2010年结构调整过程中，该公司产值由2009年的605万元，增加到2010年的680万元；今年第一季度已比去年同期增长49.49%，预计今年全年可以增长15%左右。

三、严控成本创效益

开源节流是企业管理的基本技巧。某印刷公司此类小型国企，有着五、六十年办厂经验，应该有较多的传承与积累。但由于种种原因，这方面该公司在管理，特别是成本管理方面没有积累。

成本的控制主要分为两部分工作。一类是总体的成本核算控制。主要是公司层面上的各类开支控制。在分门别类之后，对不该开支的部分作强制压缩。从宏观上、整体上控制好成本。另一类是通过电脑系统的安装，以及人员业务水平的提高，实现单品种成本核算，从微观方面进一步控制成本，实现管理出效益。该项工作预计在明年上半年开始。

通过宏观与微观的调控，实现该公司成本在一个合理的范围内，从而提高公司的市场竞争能力，提高公司的投资回报率。

上述三点，仅仅是在目前改变投资回报思路的几个步骤，是治标的问题。要想彻底改变该公司目前的困境，还必须从体制上、总体业务发展方向上给予创新，才能从根本上解决该印刷公司的投资回报问题。

第一，通过股份制改造，实现投资方风险的降低。以目前该印刷公司的设备价值而言，已不值钱。2010年底，印刷行业的设备价值，由于数字化的印刷设备逐渐普及的原因，使得1995年以前生产的设备大幅度贬值。而且随着工艺的改变，原有设备可能很快被淘汰。如果能通过股份制改造，获取相关数量的资金、技术，对设备进行改造或更新改造，那么就能使企业升级，并实现投资方风险降低。

第二，投资数字化印刷，实现企业业务方向的转型。目前，随着科技的日新月异，数字化取代一切已成为可能。出版业的数字化已促使印刷业的数字化对接，而印刷业内的数字化印刷能力也越来越强，转型已迫在眉睫。实施业务转型，实现数字化印刷，不但使该企业既实现跨越式发展进入数字化时代，而且又能适应形势，满足学校环境下的印刷市场需求，从而解决企业的投资回报问题。

对该印刷公司来讲，股份制改造与数字化印刷，既能解决体制问题、资金问题，还可以通过股改让员工持股，提高员工积极性，彻底改变工作面貌的问题。

综上所述，该印刷公司是一个老国企，运作到今天已实属不易。如果要实现良好的投资回报，必须顺应形势的发展，改变体制与发展方向。寻找一条既能确保国有资产保值、增值，又能使企业紧跟市场形势转型生产、员工转变观念提高积极性的途径，成为投资回报的关键。股份制、数字化印刷是明智的发展方面。目前的形势基本明朗，发展形势已呈良好态势，各项调整已基本到位，各种行政环境条件因素也逐步好转，各项财务指标清晰，企业投资已具备良好的环境，相信只要持之以恒，投资回报问题指日可待。

完成时间：2011 年 4 月

印刷与印制的差异

逢“九”必变，这个说法不无道理。在拒绝、解释与抗争了近20年后，2009年的最后一天，为了服从命令和肩负“维稳”的使命，终于“被”安排到印刷公司兼职了。心中突然泛起那种“理解要执行，不理解也要执行，不理解在执行中理解”的感觉，挺难受的。吾等七情六欲都写在脸上的人，那半年我估计脸色一定不好看。

多年来，把出版印制的追逐与研究，当作自己终身喜欢的专业，投入了相当多的精力与时间，对出版印制的各个环节，都予以分析、研究，每当小有成绩时，都会沾沾自喜；在略有积累时，却被冠以熟悉“印刷”业务并委以“重任”，两个不尽相同的概念，被混为一谈了，也许就是因为世人对这里面的细节分不清，才会有今天的局面。

那么，印刷与印制有什么不同呢？对外行的来讲，仅一字之差，对内行的来讲，差别就大了。

可以从字面词义说起。印刷术发明几千年了，自不用解释。“印刷”一词作为动词时，指把文字、图画等做成版，涂上油墨，印在纸张上，指的是操作的过程。早期的操作过程因为用棕刷子蘸上油墨刷在印版上，放上纸张，然后再用干净的棕刷子在纸上面用力擦过，故称印刷。作为名词时，如果从出版的角度上讲，付之印刷了，就等同于完成了出版社内部的工作环节，把要制作的印件交给了印刷厂具体施工了；指的是具体印刷的过程了，包括排、拼、印、装的几个环节。如要细细考究的话，我认为是先有印刷后才有出版的行业，甚至是为了保证印刷的质量和数量才衍生了出版这个行业，也可以算是社会化精细分工的产物吧。先有印刷，后有印制。为了区分与印刷厂的关系，大多数出版社将文字编辑工作与具体制作、销售工作又进行了细分，“印制人员”、“发行人员”便应运而生了。后来，各出版社先是对负责与印刷厂打交道的部门冠以“出版科”后改为“印制科”，人的称谓也改为印制人员了，再后来其职称规范为“技术编辑”了。当然，为了熟悉业务，自然要求从事出版印制工作的人员，要懂得印刷原理与概论，大体的工艺流程和工艺特点，说得不好听，有点纸上谈兵光说不练的感觉。如果直接让这部分人上机操作，是无济于事的。

现实情况而言，印刷与印制，存在着较大的差别的。

在出版社，印制工作属于出版部或出版科的工作范畴。因此，印制人员一般也归属出版部、出版科管理。主要是为把出版社所编辑出版的书稿，由原稿制作成图书的工作过程。为了能较好地与各承制单位打交道，自然，也为了能更好地胜任本职工作，各出版社都会要求印制人员努力地学习好印刷知识，希望能在谈判桌上不被那复杂得如同现今建筑设计预算案似的计算方式迷惑，更希望能从中下降成本。而自然地，印刷工作则由印刷厂的工人师傅完成，他们由排版、拼晒版、印刷、装订及其他辅助性人员构成。出版与印刷这对青出于蓝而胜于蓝的兄弟，各自养活着印制和印刷的人员。

出版印制，是一项创造性的工作，时刻都有设计创新的理念在其中的。它是在书稿成为图书之前，由印制人员运用所掌握的知识，对书稿的版式、印刷工艺、设备、印装顺序、材料等进行事前设计，以保证作者、编辑意图得以满足和实现。而印刷工作的要求，则是一种复制性工作，其工作的性质和要求始终是坚持“忠实于原稿”、“尊重原稿”，不能超出原稿要求范围，否则就成为事故，交不了差的。印制是设计在前，是宏观的、全面的；而印刷则是在设计之后，是微观的、具体的行为过程。

由于所处图书成型的阶段与环节不同，这两个概念的工作内容也不同的。印制是一项抽象的工作，要通过抽象思维方法，将书稿制作工艺、价钱成本、制作效果等通盘考虑，通过考察、检查促使其承制的厂家按预设的效果完成。如果达不到效果，是要承担责任的。印刷是由各工序、各环节的人员完成的，每一工序、每一环节只对自己负责，通过运用机器设备把印件按要求印数制作完毕就成了。可见，印制与印刷的工作性质是不一样的。

对两个归属于不同部门，工作性质不一样的工作人员，学历、素质、能力的要求也不一样，也正是由于工作的性质的不同，其职称也分为“技术编辑”和“技师”两种称谓。

其实，出版印制人员承担着一个非常关键的任务，而这项任务因为随着新人的介入，传承的太少，逐渐被行业所忽略了。早期的出版社工作中，大量的出版经营性工作是由出版印制部门去完成的。印制承担着预算、制作、回款、结算的工作与功能，出版社大量的回款由印制回收，由此承担了出版社的经营性事务与功能，正因为如此，也锻炼了出版印制人的本领，积累了印制人员的经营意识。

厘清了印刷与印制的区别，也许就知道这两种性质的岗位存在着多么大的差距。有句俗话叫着“是骡子是马拉出来遛遛就知道了”，很形象，骡是马所出但耐力比马强；出版印制由印刷而来，但技术要更高超更全面；反之则不然了。同时，这句话更实事求是地说明了一个人有能力应该在现实中展示的道理。

虽然有万般的不愿意，虽然觉得驴唇与马嘴对不上号，虽然自己从事的追逐、研究分析与现在的工作有差异，虽然……纵然有万个虽然，当下，我仍然须以我之所学，我之积累，以适者生存的法则，去把非我关注的领域做到最好。因为人活着，总是要做点事的。

国学大师季羡林说过，这个世界上大部分人活着是没有意义的。这是一个伪命题，因为所有人来到这个世界上都是身不由己的。也许因为此缘故，有人叹道：“生易活难，生活很难。”这话不假。

理想与现实有时会存在很大的差异；愿望、憧憬有时也会成为一相情愿的期望；经历就是财富，但愿此经历能带来一些意想不到的东西。

完成时间：2011 年 4 月

水·花·女人

“青春三月满眼春，乱花渐欲迷人眼”。水和花与女人有着天然的千丝万缕的联系，缺少了水和花的元素，文人骚客们将难以描写女人。当然，没有女人能抗拒花的魅力，也不能拒绝水的充盈。三月的江南大地，是水的世界。“细雨蒙蒙、雾气笼罩”，空气中充满了水分，让人仿佛置身于水世界当中，使人不得不产生水土养人和女人是水做的联想。

春天，是万物复苏的时节，时值花儿盛开的季节，又适逢“三八”，每年这个时候，人们都会奔向大自然，与大自然来个零距离接触的。此时随处可见水、花、女人等元素，适合可以放飞自己的思绪，感悟那三者间的微妙关系。

江南与水多结缘。由于水的充足，江南水乡居多；小桥流水，亭台楼阁也与水结伴而生。也许因为接近水的缘故，连人的性格也极尽水之柔感。三、四月的江南更是淫雨霏霏、雾气弥漫，空气的湿润程度，甚至可以令人在呼吸间感受到溺水的危险。

水养人，养花。水是生命之源，也是生命之本。从生物化学的角度来说，一切有生命的东西都是由碳水化合物组成的。生命离不开水，水是所有生命体的重要组成部分，水能调节体内各种功能。失水的状况下，生命几天就可凋谢。各色植物和花朵，如果没有水分的滋养与支持，同样不一会就枯萎了、凋谢了。水还是人体内的润滑剂。水在血管、细胞之间川流不息，把氧气和营养物质运送到组织细胞，滋润皮肤。皮肤缺水，就会变得干燥失去弹性，显得面容苍老。如果没有水的滋润，人的容貌将变得枯燥乏味。从这点上说，特别是对女生来讲，水养人，更养女人。

一方水土养一方人。不同的地方，由于水质的构成不同，养育了外表不一的各色人们。

由于对水的需求不同，反过来说，也由于得到不同的雨水量滋养，植物的形态就不一样了。地处热带雨林的，叶面一般都较为宽阔，如果加上阳光充足的话，花朵硕大，植物生长就旺盛。曾经有位仁兄说，地处江南的广东水分充足，三、四月份随便插根筷子下地，都可长成竹林。话虽夸张一点，但也暗喻了此地水分充盈的环境；但处于戈壁、沙漠地带，其植物叶面成针形状态，花朵也小很多，大概是水分少的原因吧。

从水文化的角度看，水滋养万物而不争，随遇而安的品质，被老子视为“上善”。在提倡和谐社会的今天，水的品质与特性的确能发挥不可小视的作用。

女人似花、似水。花，是种子植物的有性繁殖器官。一般的花，由花冠、花萼、花托、花蕊组成，有各种颜色，有的很艳丽，有的散发迷人的香味。说女人似花，可以从花语、花的象征中得到验证。各色花都有自己的特点与气味，由于与各色女生的性格、行为有关，常常被作相关联系比喻。各色花儿，暗示着不同的意思，如“玫瑰”代表爱情；“郁金香”代表爱的表白、祝福永恒；而“百合”则代表顺利、心想事成、高贵等。同时，花也象征着人的某种品格，像“荷花”表示清白、“牡丹”表示富贵、“水仙花”则被誉为超凡脱俗的凌波仙子……。自然地，大部分女人就天生与花儿产生亲密关系，文人墨客就将女人与各色的花儿联系在一起作描写。从花的语言、象征，与女人的性格的联系，说女人似花也不为过。说女人似水，吾以为侧重于从性格上说的。自古至今，男主外女主内的传统观念从未中断过，女子在家里对男人的柔情似水、性格上顺从似水，仿若水的利万物而不争的特性。对家内、家外之事，大以“避高趋下，未尝有所逆”、“损而不竭，施不求报，善为仁也”应对；当然，亦有人以女人的容貌为其题材，与花品相比较的，倒也非常贴切，并乐为女人们接受。

女人爱花、似花，女人与花也有着千丝万缕的联系。用花来形容女人的也有很多说法，如花似玉、花枝招展、黄花闺女、笑靥如花，众多的花言巧语令女子们眼花缭乱了。

现在，在我们身边能近距离而又能赏到各色各样品种花的游玩之处增加了不少。广州南沙十八涌的百万葵园、四会的盘龙峡薰衣草园、英德的油菜花等，为人们的休闲生活提供了多种选择；而城市中，越来越多的地方花草增多，姹紫嫣红的花海为人的生活带来了喜庆的氛围，同时也给爱花的女人们增添了无穷的乐趣。为女子们喜爱的百万葵园，为了给游客带来更多的欢乐，经常性地增加各色花的品种，给人们的游玩带来了更多的乐趣。当女子们进入园中，都会被各色的花海迷住的，更被那阳光的向日葵、时尚芬芳的紫色薰衣草和金黄色的油菜花所陶醉；而此起彼伏的花浪中，在揉进了女士们婀娜多姿的身影、色彩斑斓的服饰和花伞后，无意中营造了水、花、女人的最美意境。在这花姿、花影、花雾、花潮当中，又有谁会在意生活、工作中的苦恼呢。

水、花、女人的交融，编织出大地绚丽多姿的斑斓世界。

完成时间：2006 年 3 月

血和汗凝练的“洗衣舞”

“呃！是谁帮咱们翻了身呃！……军民本是一家人，帮咱亲人洗呀洗衣裳呃”。一曲欢快、节奏明朗而又充满着藏族风情韵味的洗衣歌，把路人的眼睛都吸引到舞蹈训练室前。在悠扬的乐曲声中，中大产业集团舞蹈队的队员，正踏着乐曲中的舞点，轻盈地把藏舞中的拖步、晃袖、点步以及模仿洗衣服的动作发挥得淋漓尽致，而身体几乎每一寸肌肤都尽情地表述着藏舞丰富的语汇。可谁曾知道，目前的境况，是舞蹈队员们在短短的二十多天时间里刚刚学会的。

藏族是我国56个民族中，人口较多、分布广阔的民族之一，并有着悠久的民族历史和丰富的文化，是个能歌善舞的民族。在藏族人民的生活中，舞蹈是不可缺少的内容，而藏舞种类繁多，并有着不同的形式、跳法和功能，由此使藏舞与蒙古舞、新疆舞等其他民族舞有着本质的区别。藏族人民在尽情歌舞的欢乐中抒发情感，并通过它与神灵沟通而得到庇佑。

正是由于藏族舞蹈的独特风格，使学习藏舞的难度也加大，要做到神形兼备就更不容易了。

8月下旬，集团领导及分工会领导决定，为配合学校庆祝校庆和反腐倡廉的晚会，我集团组建舞蹈队，并以新版“洗衣舞”的舞蹈参加校晚会的比赛。8月29日晚上，舞蹈队选秀暨“洗衣舞”第一次授舞课，拉开了产业集团舞蹈队训练的帷幕。各单位积极地响应，支持本次活动，共计派出二十余名有兴趣跳舞的女职员供“战歌”石泉老师挑选。几轮选拔后，中大出版社的邹正芬、嵇春霞、易穗连；医药公司的何云飞、李敏；达安基因公司的蒋红玲、崔巍、姜知近；家庭医生杂志社的何敏以及昊汇科仪公司的梁毅飞被召集入队。在这10位选中的队员中，邹正芬、何云飞、嵇春霞、蒋红玲等4位队员，是集团曾经组建过的舞蹈队的老队员，正是由于她们的入队，使得本次藏舞的授课、训练以及日后的表演具备了可操作性。

也许，当初在决定选择新版“洗衣舞”之时，就并没想到该舞的难度如此之大。除了藏舞特点所要求的韵律之外，弓膝、塌腰、拖步、点步以及整个舞蹈的节奏之快，几乎令大多数队员萌生退堂之意。记得8月29晚第一次训练课，就有大多数队员对“弓膝”很不习惯，疲劳感顿生；而由于长时间的跪地做大幅度的摆动，当晚已有几名队员双膝血肉模糊、鲜血淋漓。在这几名队员中，只有达安基因公司的姜知近却以坚韧的毅力，忍受着疼痛，忘我地学习着老师传授的一招一式，最终被选中入队。由于该舞蹈多处须跪地坐脚的姿势，使舞蹈队的全体队员经过几次训练，便双膝、双脚背红肿、破损和淤血。连久经沙场的“舞林”高手邹正芬，双膝淤血达8公分×10公分，何云飞也连喊难受。其他队员则可想而知了。即便如此，我们舞蹈队的10名队员，还是坚持着，忍耐着。

“台上一分钟，台下十年功”，说得是基本功的训练。台上表演的一个动作，是队员台下凝练过多少遍的。面对着如此之艰巨的训练任务，队员中仅有20%的人学过藏舞，60%的人“舞功”一般的现状，要达到非常理想的境界，其难度是可想而知的。

9月，秋天的广州天高云淡，“秋老虎”似乎对南粤大地情有独钟，眷恋着、肆虐着无多的日子。本来舞蹈队的姑娘们可以在24度的空调室内悠然地、惬意地处理着各自岗位上的业务，为本企业获取最大限度经济效益而发挥不同的作用。而现实却是，每次训练，由于条件所限，队员必须在无空调、无风扇的训练室内焗“桑拿”。真正的桑拿可以坐着享受，而她们却是在运动中“享受”这份苦差。每次的训练，个把小时下来，每位队员都是大汗淋漓，几个小时训练结束，个个都是浑身湿透。尽管如此，队员们都在不厌其烦地重复着每一个动作，尽量地磨掉“边角”，去掉不符合标准的多余动作，使全队人员动作一致。日臻成熟的舞蹈使原来在旁观的中大教工舞蹈队员从冷眼、冷语，变成了赞赏、赞扬。从而也使我们的队员们对自己越来越充满信心。集团领导和分工会主席的问候、探班，使队员们倍感亲切，动力倍增。

最值得一提的是，本次舞蹈训练，如果没有邹正芬、何云飞、嵇春霞、蒋红玲这四位有较好基础的年轻的老队员，那么舞蹈队就不可能在如此短的时间里取得神速进步。这几位骨干在训练中，不但通过自己努力较快掌握动作要领，还不厌其烦地耐心帮教，指导其他队员。带领队员反复演练每一个细节，言传身教，使全体队员都从训练中感悟到藏族舞蹈的精髓。而具有一定舞蹈功底的易穗连、李敏、崔巍、梁毅飞，也通过一段时间的训练，进步神速，很快掌握了藏舞的特点。具有一定文学素养的何敏，也充分发挥其理解能力强的特点，很快与大伙融为一体。也许是由于太投入的缘故，好几位队员在训练之后，特别是晚上的训练之后，满脑子里都是舞蹈动作、满脑子转着洗衣歌的旋律。其中嵇春霞、何云飞等已多次失眠。

难能可贵的是，姑娘们在忍受训练之苦后，还能合理安排好本职工作，巧妙地协调好两者的关系。从而也得到各单位领导的支持。

俗话说“天道酬勤”，舞蹈队 10 位佳丽们经过二十多天的训练，目前已渐入佳境，希望她们再接再厉，利用最后不多的几次训练课，将“洗衣舞”演绎得更完善、更完美，为中大产业集团争光，为产业人争气，也祝愿她们在学校晚会的比赛中取得好成绩。

把事情做对，是每个成功者的先决条件；把事情做好，是成功者们必要条件。前者我们无法左右，而后者，我们可以努力争取。

是为舞蹈队训练侧记。

完成时间：2006 年 1 月

发表载体：广州中大控股有限公司网站

《中大教工》2006 年第四期

“碉楼”与“刁人”

烟花三月，江南本该是细雨霏霏烟雨朦胧的季节，大概是老天爷今年的算盘珠子拨错了位，把大量的雨雪降落了南方，“五十年一遇”的“雪灾”使南粤大地在春天来临之前，狠狠地发一回狂。促使人们从环保、供电、铁路和政府的应急预案等各方面必须重新设计、评估。在冰雪肆虐之余，本应阴雨连绵的三月份却水分明显不足。

适逢三八，对爱花、爱水、爱美、爱自然为天性的女士们，又多一次出门踏青的好机会。出版社部门工会的适时组织，女士们独特的回应方式和热情地相邀，使我们这些大老爷们，也乐呵呵地做了回名副其实的“护花使者”，陪女士们去拥抱大自然，参观成为世界文化遗产的广东开平碉楼。

碉楼，旧时主要用于防守和瞭望的较高建筑物。在广东开平起源于明朝后期，至20世纪之初达到鼎盛，目的旨在防匪和防水，也用于居住。用我们现代人的眼光来看，开平的碉楼至少融合两样东西：一方面是侨居海外的华人思念乡土，恪守着叶落归根的传统，在祖居之地盖上高楼大厦，光宗耀祖，达到心愿满足。另一方面，正是由于这些海外华侨，开眼看世界，把其他国家和民族的先进文化，特别是建筑文化和风格，带进了开平，并与防匪防水结合，造就了今天这样一种独树一帜、风格各异的民居群。

开平马降龙碉楼群，背靠百足山，面临潭江水，村中至今完好无缺的7座碉楼和8座西式别墅，交相辉映，周边的杨桃林和竹海，把这些建筑掩藏，使人仿佛置身于世外桃源之中。女士们身临其中，对清新的空气、迷人的景致赞不绝口。所有参观碉楼的人，都不禁被碉楼为了防匪生患的“刁钻”设计所折服。但如果让我们现代城市人居住，却大多数不愿意。

先祖们大概没有想到，大半个世纪以前，自认为运用了世界先进技术与材料而建成的碉楼，在今天却被我们这些作为庆祝节日的喜庆之旅仅供参观、游玩；更可恼的是当年应是有相当背景和经济实力的人家才能建楼和居住的安身之所，却不能令我们的女士们倾心，这些似乎好像是现代女性心存“刁难”之意。

从字面上看，虽然“碉”与“刁”仅音相似而已，但从“防患于未然”的方面理解，也有相同之处的。今日的参观游玩，我们在充分地享受大自然的同时，禁不住与自身的工作性质与特点相联系。

出版社这些年的稳健发展，与我们眼前这群“刁蛮”的女士是息息相关的。今天，作为大老爷们，虽然有些人有些事不敢多说，但细数一下，出版社女士的“刁”功夫，我想，也不失为展示一下她们风貌的机会。

“刁难”是出版社女士们的第一大特点。出版社这些年在图书出版方面，不论是品种还是字数，都有较大幅度的增长。但很多书的出版，都离不开校对室多位女士的辛勤把关。“己”与“已”，“象”与“像”，“哀”与“衷”谁是谁，没搞清楚决不签名放行。女编辑更是“刁难”重重，从初稿把关，到排版的版式和对校对人员提出问题的讨论等等，“刁难”迹象明显。这些“刁难”使得我们社的图书质量越来越好却是不争的事实。财务的女士们其“刁难”功夫，显示在严格把关方面，把我们社很多不符要求的报销手续拒之门外。

“刁钻”是出版社女士们的另一大特点。业务上的“刁钻”是显而易见的。很多时候，我们可以看到女编辑为了说服作者修改某处稿件，甚至全稿退改润色，与作者争得面红耳赤。我们也看到有的女编辑坚持“刁钻”的原则，在保持作者书稿风貌的前提下，不断提炼书稿。使其达到出版水平。发行部多位姑娘们更是为了出版社增码洋、多回款，想了很多“刁钻”的办法，使得出版社发行业务在行业中“逆市飘红”。出版社女士的“刁钻”还显示在社里活动组织方面，众多的人才使我们不管组织什么活动，都会想出很多“刁钻”的办法去达到良好的效果。

“刁顽”则是出版社女士们风格的一个很好的描述。我想这方面最好的展示，莫过于女士们对出版社企业文化的认同和参与，集体的荣誉与集体的精神，都已被我们的女士们和大老爷们所顽强地承接。

当然，不管到那里，总是会碰到一些“刁悍”之人，不说也罢。但愿随着文化和修养的积淀，这等风格尽早“凋零”和“凋谢”。

沐浴着和煦的春风，穿梭于恍如仙境的世外桃源，满眼里尽是似“紫貂”般矜贵的女士，开春后紧张的工作压力自然已到九霄云外。牵强的联想，但愿不要引起三八主角们的怒骂，足矣。

完成时间：2008 年 3 月

发表载体：广州中山大学出版社有限公司网站

东瀛归来感悟创新与可持续发展

盛夏8月，正值旅游旺季，为了兑现小儿中考前的诺言，与之前往日本本州，进行为期6天的走马观花“看日本”之行。

从国与国之间的关系上来讲，历史上以及近几年该国与我们都有着许多恩怨与渊源，致使很多人士对此或是耿耿于怀，或是抱着鸡犬相闻老死不相往来的心态，无法接受一些客观的东西。这些都不是本文要述说的东西，暂放一处。对后面的问题作平心而述。

的确，从历史积淀的角度和旅游资源的角度来看，日本不能算得上“好玩”，因为经得起耐人寻味和值得推敲研究的景点不多。游乐项目最好玩的莫过于日本迪斯尼乐园和富士急游乐园，大体项目与其他国家游乐园也差不多。对此，我同意有些人的观点，日本“好看”而不“好玩”。

的确，短短6天的旅程，我们所到之处，却是实实在在“看”和“感悟”到日本这个1亿多人口的国家，从衣食住行的民生方面，到城市规划、市政建设中的人文理念，再到商品经济、商品市场的繁荣，处处透出这个国家和人民的独特之处与合理之处。我们要学习的东西很多，从产业人的角度，在创新与可持续发展这两个理念下，谈谈个人的“看”法。

汽　　车

我国改革开放30年了，汽车产业得到了大幅度发展。特别是近几年，国内汽车新车层出不穷，令国人购买欲望大增。要不是这两年油价的大幅度飙升，汽车数量增长得更快。在日本，汽车数量也是相当惊人的，作为汽车生产大国这也是可以理解的。如果说，随着经济的发展和崛起，汽车数量会同步增长是一种共同趋势的话，那么，拥有什么样的车型，或者树立什么样的汽车观念，则是直接影响经济的发展速度和关系到汽车产业的创新、国家可持续发展的问题。这方面的感受强烈地表现在几个方面。一方面是在日本大量的汽车，特别是民用汽车都是小排量的微型车。这些车型既省油，又不占地方，非常实在。在高速公路上随处可见小型车在飞驰，速度也不示弱。反观我们在用汽车方面，大部分是 2.0cc 排量以上的轿车，由于市政建设的滞后，市区内根本没有速度可言，油耗大于微型车。追求“大而全”的心理和加上国人的“有头有尾”的观念，以及汽车是“固定资产”观念，恐怕是难以自觉接受微型车的。这一对比，后果挺严重的。要知道，我国并不是产油大国，日本也不是产油大国，但算起平均油耗，我们则是实实在在不超前了，更谈不上持续发展的问题了。另一方面是汽车环保问题。恕我不是汽车方面的专家，不可能从纯技术的角度去考察。但实在地感到，在日本无论是大型货车，还是小型轿车，其发动机的声音都是非常小的。如果你背向来车方向，你无法从声音上判断出是货车来了，还是轿车来了。在国内可能就不同了，对此大多数人都能比较准确的做出判断。还有就是尾气问题。站在日本任何一个城市的马路边上 ，你不会因为汽车经过后捂鼻屏息，怕吸入难闻的汽味，更不用担心汽车过后，特别是柴油货车过后喷出长长的“黑龙”会把你装扮成异族人士。这里可能有很多是技术细节问题，我认为很大程度上是专业精神和制作态度问题，以及他们认真执着的钻研精神。

对这些问题，科技创新与可持续发展的观念是实实在在摆在我们面前的。如果不创新，不严谨高效，日本的汽车制造业就不可能在这么发达之余，其后续产品越来越优秀；如果不树立创新与可持续发展的理念，汽车制造业及汽车排放的污染，将制约了他的发展。

说到汽车，我们不得不说一下车型问题。目前我们国家汽车业中“丰田”品牌的车型，排气量在 2.0cc 以下的，无非就二三十种。在日本该品牌的车型 1.6cc 以下的车型，少说也有六七十种，且风格、形状各异的车型都能满足人们不同的实际使用和心理需要。也为人们使用小型、微型车提供了广阔的空间。国内业界是否应该考虑自主设计车型了。

电子产品

日本的电子产品的先进性大家是有目共睹的，在业界中的地位也无可非议的。从电视机到手提电脑、照相机到移动电话，CD、VCD等等，都有占有绝对的优势的品牌。如果我们漫步于广州的电器城或电脑城，你会发现在各个店面中销售的同一种商品会有多国的品牌和国内品牌，还有得“公平竞争”。但在日本，本国品牌的竞争力就占据了绝对的优势。再说移动电话网络，就总体技术制式而言，全日本已完全使用3G手机。其他国家使用非3G手机者，在日本漫游无效，拒绝并网，有事只能租机了。

在手机机型方面，我们这边刚登陆的旋转显屏手机，那边已经普遍使用了，为的是方便手机上网和手机阅读、影视播放，感觉就是小型电脑或小型播放器摆放在你面前一样，只是你不要嫌小就行。

电子产品在日本可谓无孔不入。设计人员和市场营销人员细致的观察和对市场不同层面需求的分析与判研非常透彻。在日本期间，从电视新闻上获取了两条新产品的发布消息。一则是日本丰田汽车公司最新研制的两轮代步自行器，供人们加快步速使用。该产品主要使用场所是机场和超级市场。另一则是便携式助步器，这款产品就像救生腰带一样捆绑在腰腿部，使用者自然行走就能产生助动作用，主要对象是中老年人和步行困难者。这两款产品使人感觉到产品在研发时目标明确，如使用对象，使用场所等等，早在设计之初就已有定位。现在产品出来了，他们马上就在原设定的对象和场所中试用、修改、调整。这些商业行为，使人实实在在享受到科技创新与科技服务人类的主旨。也感觉到人家对企业发展的执着精神，可见，企业可持续发展后劲十足。

从产业的角度来看，怎样从适应市场、开拓市场，到培养市场、发展市场、创造市场；怎样将科研技术成果转化成商品，并拓展做大、做完善、做尽市场，值得我们细细地去品味。不能单向地只顾把科技人员从实验室里整出来的东西投放市场，然后让市场，让顾客去适应，强迫营销人员去销售，这样的东西能有效益吗？当然，但愿让科研人员多贴近市场，贴近生活，研制一些实用的东西，而不是评职称的东西。这样的话，企业和营销人员的效益会好得多啊。

动漫产业

在我国，说到动漫，大部分人会联想到动画片、影碟、软件、图书、杂志等，这次在秋叶原的几家动漫城参观后，才觉得原来不止这些。

进入秋叶原的动漫城，你会发现日本的动漫产业，是应有尽有。首先，围绕电视动漫影片的开发。据了解，他们一般在构想、设计、编导好故事情节后，开始绘画、拍摄。如果推出市场后有好的反应，则继续把该项目继续做下去，多得拍摄上百集，甚至形成系列。如果反应不好，则最多十几集，一个季度就结束了。其次，是围绕着这些故事情节中的各种角色，进行立体开发，形成产业链。从玩具、图片、大型挂图、衣服、生活用品，到手机吊坠、匙扣甚至钱包、橡皮擦等等，都全部、整套刻上或印上动漫中的原型，令追随者们都能买到心仪之饰物。

对动漫中的原型人物，他们也颇具匠心地设计，并设想不但留住儿童的心，而且把成年人的“追星”心理也稳稳地拴住。在日期间，日本地陪导游说了一个笑话。70年代末日本推出动漫影片，大概是什么“咸蛋超人”还是“龙太郎的故事”什么的，当人们对主角的故事了解透后，觉得要放弃了，收视率下降了，这时故事中推出了主角的弟弟，令观众又对其兄弟产生兴趣；当主角的弟弟快没戏时，设计者们又推出了主角的儿子，总之是把观众留住。动漫影片中主角儿子的故事，不但吸引大人，甚至连下一代也对小主角的故事发生了兴趣。这下好了，大人、小孩全给“套上”，客源就来了，市场不断推陈出新，效益自然而然就好了。

从拥有自主知识产权的动漫形象创作、设计，到以动画片为龙头形成书刊、画册、卡片、玩具、服装等等衍生品，打造成动漫产业链的商业组合市场，创造出年营业额90亿美元的市场，的确令人深思。

今年是我国改革开放30周年，从目前市场情况看，好像各行各业都充满了竞争，市场也很繁荣，商品是应有尽有并呈现饱和的状态。有些产业人和产业领头人也曾一度对市场一筹莫展，感叹市场难做。通过上述例子，不知能否有所启发。

相对于其他搞市场经济比较早的国家来说，我们才刚刚起步，很多东西还未完善，更不要说市场的开发已经很透彻了。比方说，当广州本田推出第八代雅确的时候，他们的车型储备也许已经设计到第九、第十代了，这对企业的持续发展绝对重要。因此，对每个企业来说，目前的产品，以及围绕产品的服务、开发利用和是否形成产业链，是否拥有后续产品，都有令人深思的地方。如果能像日本的汽车、动漫产业一样，那么我们产业及产业人的日子就会好过得多。

很多时候，我们说和听科技创新、可持续发展好像是很虚很理论的东西，如果结合到实际工作当中，其实是很实在的，也可以做很多实在的事。本文并没有对这两个概念作理论研究之意，若对阅读者有所启发，足矣。

完成时间：2008年8月

发表载体：广州中大控股有限公司网站

“上善若水”与企业和谐人际关系

常言道：“人往高处走，水往低处流。”人往高处走，说的是让人争取进步，达到比当下更好的目标和过上更好的生活；水往低处流呢，则少有人细细地品味和研究。老子在《道德经》里说道“上善若水，水善则利万物而不争”，说的是人们在追求个人修养和较好的行为方式时，应以水的柔性、包容、甘留卑下、滋润万物而不争等特性作为参考与参照，并达到这样的境界。“上善若水”被多少立志修善心性的文人墨客和追求最高境界善行、心境平和、包容万事的志士奉为座右铭。

当然，我们不能忽视在“水往低处流”的过程中，水是有目标的、有目的的。其实，水也展示了包容一切、百折不挠、虚怀若谷的高尚品格，水在往低处流动的进程中，遇低洼而填平，遇岩石则迂回包抄而过，遇干旱的土地而润之。如果从高处往下，则施展“水滴石穿”的功夫，再坚硬的石头也挡不住水的流动。水在往低处走的过程中，展现了坚韧不拔、永远进取的无畏品格。当然，水在往低处走的过程中，它也无暇欣赏周边的美丽景色，更无心留恋物质上的诱惑，只顾匆匆地往前赶，直奔目标而去，并聚而盈之，在泽润万物的过程中，从不争名夺利。

当下，我们推崇的是和谐社会、和谐环境、和谐人际关系，在构建和谐的过程中，水的特性，对我们加强个人修养、树立个人言行准则、处理所在环境的人际关系等，都会有所启发。

“善”，是善良、善好和友好的意思，也有特长、擅长和容易的意思，当然，也有平和之意。“上善”则可以理解为善好的、较好的行为方式，以及达到最优境界的意思。而老子提倡的“上善若水”则提示人们应该追求包容一切的“水”性，并把平和包容、坚韧不拔的境界作为一种终生的追求。

水性的柔性、甘留卑下与滋润万物而不与争的品格，自然在老子思想当中被认为是高尚的。从当下高校企业内人际关系的构建以及和谐人际关系的构建过程中，“上善若水”的理念是值得我们借鉴的。

水性“柔”的一面，昭示着在高校企业中的人际关系，应更具包容万物的态度、精神与行为。高校企业中的人员，有来源于高校当中原教学第一线的人员，也有从社会上招聘来的高学历、高素质、高技能的人才。既有原来吃“大锅饭”的事业单位编制的“人事关系”的老员工，也有以合同作为纽带与高校企业发生雇佣关系的“合同员工”。不同的年龄与经历，不同的学历与学识，以及不同的身份，造就了高校企业中各种不同性格和脾性的员工，这在工作中难免会产生各种各样的矛盾。国人的“鸡犬之声相闻、老死不相往来”的心态，又如何构建和谐局面，又如何团结、齐心共同应对市场的挑战？要是将水的柔性运用于处理企业人际关系当中，也许将收获不错的人际关系局面。包容、理解也许是目前高校企业内协调、和谐人际关系最有效的途径，这恰恰是水柔特性的展示。

甘留卑下的特性，则是昭示人们甘于寂寞的品行。国人贵柔处弱，本来就是甘留卑下特性的展示。每个不同的企业，都会有各种不同的工艺分类、岗位分类，由此也会因劳动方式、劳动强度的不同导致个人收入不同；有的企业更会以是否能直接创造经济效益作为标准，划分不同的工作岗位，并制定薪酬标准。这就难免出现有些岗位没人愿意干的情况。我们提倡追求甘于寂寞，服从分配，做别人不愿做的工作，做有利于企业发展的工作，到众人不愿意去的岗位，并把事情做对、做好，不争功争名争利，企业的人际关系自然就会趋向和谐。当然，高校企业中的高层主管人员知人善任，是最大效能发挥人才作用的关键。要真正做到职位低下而不卑微，是要费一番苦功的。甘留卑下的“水”特性，也就成为营造和谐局面的有效策略。

滋润万物而不争，则是水性当中较高的思想境界。现今社会物欲横流，要做到如此谈何容易！在当下以教学科研为主的高校中，校办企业逐渐被分离和边缘化，渐行渐远。高校企业在高校回归教学主业的过程中，甚至忘却了过去曾经为高校安置过“富余人员”、增加高校职员个人收入，特别是将科研成果转化为商品的光辉历程。而今却被要求自食其力、自负盈亏。如果没有“滋润万物而不争”的心境，我们又何以抖擞精神去迎接市场经济、金融海啸等浪潮的挑战呢？由此看来，“滋润万物而不争”应是大和谐局面的需要了。

水滴石穿、勇往直前、平稳包容，则是作为高层主管人才必须具备的品格。企业，特别是高校企业，具有与高校内其他部门不同的特性，它既没有上级拨款的“皇粮”接济，也没有国家项目的特别关照。它必须依靠自身的特点在各自的行业中拼搏，画地为牢，努力在本行业中占有市场份额，这种情况下，就必须有具备坚韧不拔和兼顾各方面的高素质人才担任主管，并带领全体员工往前冲。“发展才是硬道理”，固守前任留下的“滩头阵地”是难以在风高浪急的商海中扬帆激进的。

“和为贵”。和与善相通，在企业当中以和为贵，贵在和谐的局面和和谐的人际关系能促进企业可持续发展，能众志成城地应对市场所发生的各种突发事件。如果没有和谐的局面与人际关系，最终导致矛盾的双方利益俱损，从而导致企业内耗和拖垮企业。所以说，引导员工以“和”为贵，追求“上善”与“修身”，也是企业管理者的一门必修课。

近年来，国学热席卷中华大地，国人可以从中华民族博大精深的传统文化中，寻找适合自己的各种修养方式。在管理企业的理念当中，也可运用各种诸如儒家、道家思想，去构建适合所在企业的人际关系。“上善若水”、“中庸之道”、“静水流深”、“有容乃大”、“厚德载物”便成为人们追随与仿效的目标与信条。水为财，对水性的学习，将是高校企业人员应该强化的内容。这对高校企业的人员来讲，应该不是件难事。

也许，将“上善若水”的精辟理念，融贯到构建企业和谐的人际关系之中，对高校企业文化与企业凝聚力的形成，乃至企业经济效益的促进，是有积极作用的。

完成时间：2009年3月

发表载体：广州中大控股有限公司网站、《中大教工》2009年第一期

精益求精

社会化发展的必然结果，是社会分工越来越细，而在市场经济条件下，社会分工的精细，则令同行业及不同行业之间的竞争越来越激烈。要想在竞争激烈的市场、在同行业中占有一席之地，唯有精益求精，方能超越自身，不断创新，最后实现既定的目标。

不难理解，精益求精的内涵，是要求实践者们不断地在现有技术、水平、能力、效果等基础上，不断提升、超越自己，以求得更高的水平与境界，实现更理想的、更现实的、更能为人类所接受的目标，推动业界与社会的发展。

其实，各行各业早已将精益求精的精神融汇到各自的领域。在体育界变成“更快、更高、更强”；在汽车制造业演变成每年推出更新车款；在文艺界则更广阔，追求影视效果的恢宏与唯美；在设计业中则令产品不断推陈出新；如此等等。

在精益求精的内涵为社会各界所接受与应用之际，作为企业，特别是制作型企业，是否应重温精益求精的精髓？我们经常会听到这么一句话，当问到某一件事处理得怎么样了，某个产品完成得如何，以及某项工作进展到哪种程度时，周边的人或当事人很多时候的回答是“差不多了”。正是这种“差不多”的思想，使我们的效率、效益与产品质量难以提高；使管理者和设计者的意图无法实现或者大打折扣；也使得精益求精的理念无法实现，以致逐渐远离了人们的记忆。

按照“木桶定律”理论，决定水桶容量的大小是最短的那块木板。由此引发的是，企业管理当中必须解决主要矛盾方可提纲挈领地解决存在的问题，进而实现良好效益。而精益求精则是在这一过程中必须推崇的一个理念。笔者一直认为，在企业生产的各个环节当中，所有环节都达到优质的时候，产品才能是优质品。如果在产品的生产过程中，其中一个环节仅仅达到合格，甚至不合格，那么整件产品就是次品。前些年，笔者在某名牌运动鞋的特价场买了一双跑鞋。作为消费者，笔者当然无法从专业人士的角度去审视该鞋的质量问题，但无法抗拒打折后的价格吸引力。但仅穿半年就因两只鞋的后跟磨损失衡而弃之。相反，给儿子买了一款正价跑鞋则穿了两年都没变型。显然，前者在鞋子制作过程中，某个环节出现了问题，才使得鞋的质量产生变异。对此，我们会说鞋子有问题，而非说鞋跟有问题。可见，产品生产过程的每一个环节，都影响整体的质量。因此，应该在产品的生产过程中，每一个环节都要提倡精益求精的理念与精神。

企业，特别是生产型企业，追求精益求精，对提高社会效益与经济效益，也许是另类的激发企业持续发展的模式与途径。精益求精的理念，其实是贯串在企业的各个方面的，问题是我们有否激活它而已。

企业管理应该追求精益求精。当发生事故的时候，我们常常说“管理有漏洞”，这其实就是平时在管理方面没有精益求精的表现。管理的制度、手段我们可以精益求精；管理的方法我们也要精益求精；管理的数据，我们是否也要精益求精呢？更不要说对管理效能，我们也要精益求精。没有对精益求精的理解与追求，企业管理的能力与水平又从何提高？

企业的服务应该精益求精。曾几何时，作为消费者，我们要求对方给予优质的服务。作为企业，又有什么理由在我们为顾客服务的时候，不去追求精益求精的服务呢？那么，企业在为顾客服务的过程中，又提供了多少优质的服务呢？是否能提供更好的、精致一点的服务呢？“以客户为中心”、“提供优质服务”不能仅停留在口头上，而是要从理念上就要提倡对精益求精的追求。

企业的产品应该精益求精。不管是已经存在的传统产品，还是与科研成果相结合而产出的新产品，都要追求精益求精。近年来，我国汽车市场发展迅猛，大部分消费者在对产品的选择中，都把目光投向了日本车。在众多的原因当中，恐怕是由于日产车系以人为本的精益求精设计理念为主要原因，抓住了消费者的心理，并让顾客充分享受到了设计者的成果。比如，日本丰田汽车“凯美瑞”，从1983年推出第一代产品，至今已发展到第六代，一代比一代体现了更多的人性化，你能说这里没有精益求精的理念吗？相反，看看我们很多的产品，很多时候拼的是价格，玩的是自相残杀，最后落个倾销的嫌疑，根本没有从质量等方面追求精益求精，以至于产品没有生命力，最终导致企业没有生命力。

企业的营销应该精益求精。在企业管理的诸多环节中，产品的市场营销可谓是一个重要的环节，同时也是一个令人懊恼的环节。因为它不仅是实现企业经济效益的最后环节，也是体现企业社会存在价值与实现服务社会兑现社会效益的关键环节。恰恰在这个环节上，也是市场竞争最激烈的环节。那么，在企业的营销方面，要做到效益最大化，是否应该追求精益求精，把市场细化划分，把营销片区、网点细致分析；把顾客群细化划分；重新确认企业产品的市场定位，等等。固守固定的模式、渠道，是难以实现增长、突破的。唯有精益求精，对我们自认为熟悉的市场及顾客进行精益求精的再分析，也许能从中杀出一条血路来。

企业追求精益求精，可以体现在多个方面。比如企业文化，我们可以追求精益求精，使其更能体现和展示企业的风貌；企业的人际关系，我们可以追求精益求精，使企业更和谐；企业的分配制度，也可以追求精益求精，让收入更加精确地体现劳动者的付出与回报；企业的经营，我们更应追求精益求精，使企业不断创新，广开门路，实现更好的经济效益。

我们提倡创新，特别是科技创新，我们也提倡树立和践行科学的发展观。只有不断的创新，才能推动社会的进步与发展。但我们不应忽视的，是在创新当中激活与融会贯通精益求精的理念。

创业难，守业更难。树立精益求精的理念，也许能触发我们思考各种问题的新灵感。

完成时间：2009 年 4 月

发表载体：广州中大控股有限公司网站、《中大教工》2010 年第一期

企业经营应树立“厚积薄发”的理念

厚积薄发，指大量地、充分地积蓄，少量地、慢慢地放出。形容只有通过长期的量变过程积蓄力量打好基础，建立完善的稳固的实力，从而得到质的突破，稳步向前，不露破绽。厚积薄发这一成语，原意多指对知识、经验的充分积蓄，然后低调做人，谨慎做事。但随着社会的进步与文化的发展，厚积薄发的意义，已大大超越了本身，被引申和应用到社会生活的各个方面。

企业的存在与发展，必须经历“投入、生长、发展、壮大”的过程。它与自然界任何生物的生命周期一样，同样须经历“生、老、病、死”的过程。所不同的是，如果企业树立了正确的经营理念，继承与发展了良好的经营理念，并把前人、创业者的经营理念与现代社会相适相融，那么企业就有可能持续发展，“长命百岁”。当然，如果企业没有树立良好的创业、守业理念，没有继承前人良好的经营风格与理念，也没有结合当今市场的状况创新自己的经营理念，甚至“拔苗助长”、“竭泽而渔”，那么企业要想经营得好，并长期发展下去，是有一定困难的。

“理念决定命运，没有思路就没有出路”，企业的经营，应树立什么样的理念，才能健康地平稳地发展？“思想有多远，我们就能走多远。”这是一个值得企业经营者思考的问题。如果我们能够把中华民族传统的文化运用于现代企业管理的过程中，从博大精深的传统文库中吸取养分、动力，确立自己的经营理念，那么就可以驾驭企业这艘航船，在商海中战胜惊涛骇浪。在众多的观念、信念与理念当中，“厚积薄发”无疑是非常合适和首选的企业经营理念，甚至是企业发展的“利器”。

在众多的成功企业经验当中，厚积薄发成为一种与众不同的理念，逐渐为人们所接受。因为，在市场竞争和百舸争流的环境中，厚积薄发成为日益成熟的市场经济的制胜策略、法宝和理念。它有利于企业强化自己，积蓄雄厚的实力以应对市场的各种变化，使企业稳步前进。厚积薄发的理念，在应用中必须贯串到企业经营的各个方面。只有在企业经营的各个方面树立厚积薄发的理念，才能使企业在投入产品、生产成本、受众群体以及企业人才的储备等方面，建立牢固的根基。才能创造良好的经济效益，实现良好的投资回报与长久发展。

企业的投资要树立厚积薄发的理念。要使企业的经营者树立良好的信念，投资者就应先具备良好的指导思想。“正人先正己”。投资者对企业投资时，就要树立厚积薄发的理念。如果作为企业“源头”的投资者，不树立厚积薄发的理念并作长期打算，而以“急功近利”的理财观念去投资企业，那么，企业的经营者也就不会作长期的打算，这个企业是很难存活下去的，更别说发展了。综观现在很多的企业，因为肩负很重的投资回报与上缴利润，便无暇顾及发展大计，奔命于当年上缴与回报之中，久而久之，资源枯竭了，企业就发展不下去了。所以说，树立厚积薄发的理念，要从源头上，从投资者开始。当然，管理企业者、企业的经营管理者都要树立这种理念，三者的结合，方能实现企业的良性发展。

企业的产品需要厚积薄发。企业主要靠产品主攻市场的，只有产品得到社会和市场的认可，才能生存。而企业产品的存在，必须经历从研发、试产、投放市场的过程，在投放市场之后，还需要不断地反馈、调整其产品的功能、结构，甚至于外观与颜色。在这一过程中，企业一方面要对原有产品进行改造与更新，并不断推出不同系列的新产品，以适应不同层次、不同文化背景的人群的需要；另一方面要适应当今社会快节奏的需要，对产品进行超前设计、储存更多的后备产品，以适应市场的需求。对此，如果没有厚积薄发的理念，是难以维持企业在同行业竞争中的地位。同理，由于没有后续的新产品支持，企业也难以实现持续的辉煌，因而也就无法实现良好经济效益与良好的投资回报。在此，厚积薄发成了主宰产品的关键理念。

降低企业成本，需要厚积薄发、循序渐进持续进行。企业的成本一般分为产品成本和运营成本，也有称直接成本和间接成本。要提高企业及其产品在市场的竞争力，并占有市场份额，降低产品的成本以及企业的运营成本，成为非常直接和有效的办法。但降低成本不能一蹴而就、一步到位的，生产制造型企业尤其如此。因为降低成本必须以大的经济环境和生产关系作为基础和调整背景，综合各种生产要素后厚积薄发逐渐实现。当社会生产力的大环境还没得到进一步发展和改善时，以人的意志去强制改变生产价格，最终只能导致生产关系破裂。此外，企业内部降低成本要达到一个良好的效果和水平，必须在企业运营的每一个环节、每一个部门都树立了较好意识，以及充分了解本部门、本工作环节的成本空间之后，才能从企业的整体上综合体现出来。可见，没有厚积薄发的意识、理念与行为，降低企业的成本，将是较难实现的。

企业产品的受众群也需要有厚积薄发。众所周知，产品的单价是由该产品的批量生产规模所决定的，批量规模则是由市场决定的，而市场则是由该产品的受众决定的。产品的受众会在考虑产品价格、质量、售后服务等因素后，决定是否接受、承认企业的产品，随着受用者的增多，受众群才能慢慢地变大。要做到这样，企业就需对自身的产品作综合考虑：一方面作为企业他必须使自己的产品的生产成本低于社会平均成本，产品价格才有竞争力，企业才有盈利空间；另一方面要做好产品质量、广告宣传、售后服务等等，使其产品逐步被受众接受。这都需要有一个积累的过程，这个过程也蕴涵着厚积薄发的理念。

企业经营的人才需要厚积薄发。企业经营效果的好坏，首先是取决于产品，产品经营的效果，关键在人才。一个企业要经营得好，关键点大多是在围绕着产品从设计研发、生产、销售、售后服务等人才身上，有时甚至包括在维护企业运作的行政、财务等人才身上。这就需在这些环节和部门当中，积累不同的年龄、文化背景、工作经历的人才。积累了技术力量雄厚的人才，才能应对市场需求，才能维持企业自身的发展。我们提倡人才流动，但不提倡只流出不流进，那样只是“流失”。也只有具备各种身怀绝技的创新型人才，企业才能具备足够的发展动力和空间。与产品积累相比，没有产品积累不可怕，没有创新型的人才储备才是真可怕。如果一个企业人才匮乏，最后是很难得到发展的。因此，我们提倡企业在人才储备方面，也要做到厚积薄发。

对企业经营要素的众多方面，我们都要树立厚积薄发的理念。比如说对企业产品的质量、对企业产品的营销、对企业经营的流动资金与资产甚至企业的制度建设等等，都需要有厚积薄发的理念。细想之下，企业文化的形成，也渗透着厚积薄发的理念。这一理念是存在于企业经营的方方面面的。

综上所述，由于厚积薄发的理论存在和适用于企业从投资成立到经营管理过程当中，如果能够在日常工作中树立这种理念，并给予足够的耐心，那么企业的经营环境会得到改善，企业的经营效果会有一个理想的回报的。

完成时间：2009 年 8 月

发表载体：广州中大控股有限公司网站

《中大教工》2011 年第三期

为而不争

出自老子《道德经》，“圣人之道，为而不争”。为：做，行，做事；也解作认为、当作、变成的意思。不争：指不争功、不争名、不争利。老子把“为而不争”作为道教乃至人类社会的最高行为准则和人生修养的最高境界，有其独特的见解，千百年来，乐为人们所追随与立为信条。

当今社会，物欲横流，急功近利者比比皆是。能做到“为而不争”者，又能有几人；或者说，已达到这样修养境界的人士，又有几个能在人群中现身，要么隐身于江湖之外，要么藏匿于都市之外；“不争”的境界本身就昭示着不公之于众的行为方式。

早些年，围绕着“人到无求品自高”进行观察与思索，也曾把这种境界当作一种人生的信念去追逐。发现年轻人大都做不到，因为他们大都急功近利；中年人也未必谁都能做得到，有相当一部分人认为自己尚能创造属于自己的天地；老年人则相对来说，能达到这种境界的居多，也许是因为时间的经历使他们看到了对物质追求无止境的原因，也许是因为他们感到精神与修养的追求比物质追求更高尚的原因吧。改革开放三十多年来，社会发展速度惊人，人们的观念与追求都出现脱节的现象，有些东西一下子也能为大部分人所接受。就说物质上的吧，20世纪七八十年代，交通工具上人们追求的是自行车，八九十年代则要求有摩托车，到了21世纪了，追求的是汽车，再过10年，说不定要开直升飞机了，能“无求”吗？的确比较难啊。

也有一种说法，把贫穷分为物质上的贫穷和精神上的贫穷。精神上的贫穷比之物质上贫穷更可怕。对于一些贫穷落后地区，有些人为了能实现快速摆脱物质上贫困面貌，不择手段地在社会上获取经济利益。精神上的贫穷其另类的表现，就是不顾什么底线了。在经济发达地区，也有人为了金钱不顾道德底线的约束，不惜以假冒伪劣商品作为其获取经济利益，“苏丹红”、“地沟油”、“瘦肉精”等就出来了；前段时间更有种“牛肉膏”，抹在猪肉上，连国家级的检测机构都难辨真假。唯利是图与“无求品自高”不可相提并论的，更勿及“为而不争”了。

在市场上对企业的修养追求，我们无法以“为而不争”的道德标准去衡量，但对企业、组织、社会中的人，是可以用此标准去衡量及要求的。

每一个人，由于生长环境不同，特别是家庭物质条件与修养教育的不同，使其养成也不同。当然，后天的教育方式不同，会对人生观、价值观有所改变，这既取决于自身的修养，也取决于想接受的程度以及本人所愿意接受的程度。不能以性格使然而开脱，更不能置身于度外。因为人总是要面对组织和群体的。

为而不争，其实在这当中既揭示了人们修养的方向与最高境界，又向人们指明了行为方式。把事情做对、做好，这是大前提，只有把事情做好了，才是正道；功名、利禄等，只是过眼云烟的事情，又何必在意。生活与工作，本来仅仅是因为交换与生存的需要而建立起来的关系，由于职位的不同、性质的不同、业绩的不同，甚至在工作中的作用不同，导致回报、升迁的不同，人们追逐的强度就不同了，就要“争”了；也由于生存的环境与经济基础不同，就要“争”了。就一般人而言，没有修养到位，大多数愿望在公平状态下得到自己应该得到的东西，就没什么话说了。但众生当中，偏偏有些人不但要争，而且是无耻到连自己没参与的事情也要争。更有甚者，功则揽，过则推，还厚颜无耻地在领导面前自我表功，此等行为叫沽名钓誉，是人品人格的问题了，与修养无关。

天之道，不争而善胜。有句话说：人在做，天在看。也有说，老天爷是公平的，在给你一样东西的时候，你也会失去另一样东西。当我们在为一些看得见的实物、实体、实际利益相争时，殊不知其实失去另一方面的东西，比如友情、比如下次合作的机会、比如互相支持的力度、甚至别人对你的诚信度、信任度等，这些东西比某些眼前利益还要可贵。这一方面失去，在更多的方面会得到。所以不争的人其实得到的更多，因此说善胜。不争而善胜的同时，也应了另一句话，退一步海阔天空。

为而不争，首先是要为，先把事情扎实做好。现今社会浮躁之风甚烈，能静下心来做事的不多。如果没有静下心来对本职工作、所研究的专业进行精益求精的钻研，是不太可能出业绩的。其次是以平静的心态，面对业绩与功绩，不争功名。当静心钻研和默默无闻脚踏实地地工作，细致地做好每一件事，形成严谨的工作作风，何愁不会出成绩呢？出了业绩与功绩也不用争，一次半次被别人谋走了，也不要紧，深厚的功力还会让你处于领先地位。不争体现的是一种心态，更是体现一个人修养的功力。

那些整日忙着为个人功名劳碌的人，在争得所得时，其实他们失去了很多，其中最关键的是失去了民心民意、失去了诚信至为重要。正所谓，公道自在人心。

“上善若水，为而不争；以其不争，故天下莫能与之争。”

完成时间：2011 年 5 月

洋　相

“洋相”一词，从字面上理解，可以看作洋人之相。古人把从西方过来的东西，一般都称为“洋”，如洋火、洋烛、洋油、洋枪等。对与自己民族长相不同，而且相貌怪异的相貌则称为洋相，那就不足为奇了。

到了现代，特别是改革开放以后，洋人就司空见惯了。“洋相”一词总是被理解为那些逗人发笑的怪样子、令人可笑的丑态；也可以理解为在大众面前出现尴尬的局面。同时由于对某个领域不熟悉、不了解，导致说话、做事不入主流等，也视为洋相的一种，这是高层次的了。

“出洋相”则可理解为在公众面前做出了与众不同，或者众人认为如此但却并非如此的行为，或超出行业规范、领域规则的行为。

几曾何时，人们把不出洋相作为做人做事要慎重注意的事了。特别是对事业、对学术、对在公众场合，都讲究细节，关注整个过程，不出差错，体贴、体面地应对一切。

事与愿违，虽然人们总是小心谨慎地应对一切时，但总是难免在某些方面会有出洋相的嫌疑。

其实，人无完人嘛，谁又能做到方方面面、事事完美呢？即使是学富五车、才高八斗的学者、专家，也仅限于某方面杰出而已。如果有一天离开自己所研究的领域，或者离开自己熟悉的东西，那么出洋相就在所难免，因为术业有专攻。正因为如此，老话说，365 行，行行出状元。

存在着不同的行业，就存在着不同的行规，就有不同的客观规律。行业越古老，规矩就越多。如果不摸清楚情况，蓦然行事，那出洋相也是迟早的事。前几年外地有个同行，进广州开分店来了，居然先派人到广州的同行处先打招呼来了，少有的规范啊。以前江湖上把这种行为叫“拜码头”，目的是避免恶性竞争，沟通的过程中，至少会了解当地的实际情况，少走弯路。这种行为至少可以减少出洋相的机会吧。

低层次的出洋相，我们可以把这种行为视为无知。无知无畏，真出了洋相本人并不知道，众人也仅一乐而已，既不会怪罪、也不会漫骂，更不会责备，甚至会善意提醒和“打圆场”解围，使当事者悠然脱离困境，众人也会原谅的，所谓不知者不罪嘛。

高层次的出洋相，是明之而违之了。这个世界上，总有一些人是特立独行的，做事、做人都喜欢与众不同。也不问历史背景，也不管客观的环境、客观的条件如何，孤意独行，做出“与众不同”的举止与行为，其结果大家自然明白。与低层次行为相比，所不同的是出洋相者是知道规矩的，只是想展现自己的“风采”。就如同改革开放30年后的今天，你会发现做什么行业，做什么生意都有众多的竞争者，而没有自己的特色就没有立足之地和没人光顾一般，设法搞些个与众不同的东西出来，才能获得成功。殊不知这种行为，搞得好叫“出位”，搞不好则成“出洋相”了。

还有一种行为，打着改革与创新的旗帜，自认为是真理的播种者，把自己的个人臆想，在某一领域开发“试验”，成功了自然领赏，不成功则拍拍脑袋说句“没想到啊”，成了“三拍”工程的作俑者。我们支持改革，也必须对旧的东西进行改革，因为社会在发展，人类在进步，不改革是没有出路的，也没活路的，更不可能得到发展。同时，要知道创新不等于破坏，对旧的东西应该是扬弃而不是抛弃，没有基础的创新就如同“空中楼阁”可望不可得，此等道理，大家都懂，不说也罢。

出洋相以后，也有不同的应对方法，其结果当然是截然不同的。有些人对洋相在发生过程中毫无觉察，既有不懂的成分，也有无知的行为。如果没人提醒，只能任其发展，最后不了了之，这种状况只能证明其知识面不宽；有些人则在出洋相之后，虽然觉察、醒悟，但为了面子问题，死活不改或绝不从众；有些人则在出洋相之后，能及时调整心态，虚心聆听各种意见、建议，了解客观情况、环境、规矩、标准，对个人的行为做出调整，取得公众的认同，融入群体当中。如果说要从效果上取得众人认可，或者说从大众审视角度上能得到认同，后一种行为可能会奏效一点。因为随着公众的认同，原出洋相者的行为、功绩、信誉以及地位都能得到认同的。

现今社会提倡和谐，提倡包容，和谐与包容是中华民族的美德。不管是任何层面上的洋相，作为旁观者，都是非常清楚的。我们当以和谐为重，以包容之心待之。如果能施以善意包容之举，助其去除怪异的行为，就更能彰显自己的道德修养之功力。

当然了，公众的用心良苦，最终必须要得到当事者的理解，只有当局者清醒了，做出了调整，洋相方能终止。在很大程度上说，当局者与旁观者，在最终利益上还是一致的。

我们期待少出洋相，甚至最好别出洋相。

完成时间：2011 年 8 月

跋

2009年是我国出版改制元年。在这年当中，从2007年启动的改制试点单位经过摸索，基本完成了企业化的转身；大量的出版社则从这一年开始，进入了全面的改制工作。到2010年底，大部分的出版社完成企业化改制工作流程，彻底由事业单位转变为企业。

出版社转制为企业后，将面临许多的新问题。如何尽快适应转制后的新角色，更新观念、重塑经营理念、接受市场的洗礼等，都将是每个出版工作者要面临的问题。

近十年来，我在出版社行政办公室工作，有幸经历了我国出版体制改革的历史时期，并直接参与了转制操作。在实施转制过程中，对众多的问题都萌发了不少的想法。同时，对转制后出版社必须面临的问题进行了思考，并形成个人的观点。把这些零碎的东西结集出版，应该有其现实的意义，特别是对后面改革的单位和从业人员来说，也许参考价值更大些。

本文集中，主要分别就出版社的出版印制管理、行政管理、出版单位发展理念以及新形势下的管理理念、企业文化建设等几方面进行了阐述，虽非全面系统的论述，但从几个基本的理念方面提出了我的看法，观点不尽成熟，问题可以商榷。

在当中有几篇尚未发表的文章，是我在就读中大岭南学院EMBA时，结合工作的思考，限于时间与篇幅，没有展开详细论述，颇留遗憾。

虽然在出版业工作近30年，其中也曾参与图书的编辑工作，但真的到了要把自己的东西整理成正规出版物时，方知编辑人员要干的工作是多么的全面，其压力之大也非外人所知悉的。不管个人怎么努力，本书漏洞在所难免，希望读者，特别是同行能体谅。

本书的出版，得到了云南大学出版社于学、柴伟女士的支持和帮助，还有很多的新老同事、朋友的相助，在此一并谢了。

作　者

二〇一一年九月